特別支援教育「鉄壁の法則」シリーズ

ストップ！NG指導

教科別　すべての子どもを救う基礎的授業スキル

小野隆行
Ono Takayuki

GAKUGEI MIRAISHA

まえがき

気に入らないことがあると教室を飛び出し、叫び声をあげていた子がいた。

学校のすすめで医療機関を受診し、ＡＳＤとＡＤ／ＨＤの診断がおりた。そして、自分のペースで学習できるようにと、私の特別支援学級へ転籍することになった。

前の担任に、どんな時にその子が飛び出すのかを聞いてみた。算数の時間が多いという。

算数が苦手なのかと思いきや、その子は平均よりもよくできるのだという。

さらに、詳しく聞いてみた。すると、次のことが分かった。


授業の最初の段階で、うまくいかないことが多い。そして、イライラしたり、突っ伏したりしてしまう。そのことを注意すると、怒って飛び出してしまう。


ここでいう授業の最初の段階とは、何だろうか。

そう思って聞いてみると、次の答えが返ってきた。


めあてを書くのに時間がかかったり、間違って何度も直したりすると、イライラしてくる。

つまり、算数の学習内容ではなく、「めあてを書く」ことで、つまずいていたことが分かった。

その子のノートを見ると、消しゴムで何度も何度も消して、真っ黒によごれてしまっためあての文字が目に飛び込んできた。

この子は、相当大変だったのだろうという思いとともに、ある疑問もわいてきた。

①算数の時間の初めに、三行も四行もめあてを書くことが、必要なのだろうか。
②二年生で、横書きで文章を書かせることは必要なのだろうか(国語で横書きの書き方の練習を十分に行っていないにもかかわらず)。

この状況を見て、特別支援学級での算数指導の方針が決まった。

授業のはじめは、めあてを書かせることをやめさせる。

いきなり教科書の学習内容を始める。

さらに、失敗を極度に嫌がることから、赤鉛筆指導を中心に取り入れることにした。問題が難しい時、分からない時は、赤鉛筆で薄くヒントを書き、その子ができそうな状態になってから問題を解かせるようにした。

さて、三年生でその子はどうなったか。

①算数のテストは、年間を通して、ほぼ一〇〇点をとった。
②算数の時間に、イライラすることはほとんどなくなった。

③イライラして教室を飛び出すことは一度もなかった。
④算数が楽しい。大好きになったと話していた。

授業が始まる前に自分で算数の用意をし、チャイムとともに問題を解き始めようとする姿がいつも見られるようになった。教師は褒めるだけでよかった。

難しいことは何もしていない。一番大きなことは、「長々としためあてを書くことをやめた」ことである。この子は、通常学級であっても、やり方を変えれば学習に取り組めたはずである。

子どもを学習に集中させるには、脳内にドーパミンの分泌が必要なことが分かっている。ドーパミンの分泌には、「動かすこと」「ワクワクすること、楽しいこと」「様々な活動」が効果的である。

授業の最初は、活動から入る。

算数であれば、フラッシュカードや百玉そろばんといった教具が非常に効果を発揮する。

このような理論は、すでに一〇年以上前から多くのセミナーや教育雑誌で紹介されてきたことである。

また、ＡＤ／ＨＤタイプの子に、面倒だと感じる活動を強要するのは、悪影響を及ぼすことも同じように紹介されてきた。

多くの療育機関や、成功している塾、放課後デイサービスなどでは、基本方針として取り入れられていることである。

しかし、学校では、どうだろうか。このような理論が充分に取り入れられているとはとても言えない。

それどころか、授業の初めに「めあてを書く」ことを強要する教育委員会や管理職が後をたたない。

ちなみに、文科省が示しているのは「めあてを示す」ことであって、「めあてを書かせること」ではない。

また、学力テストの調査から「めあてと学力との関係」について述べる人がいるが、そこには因果関係はないので根拠にはならない。あるのは、相関関係なので、参考程度でしかない。

つまり、明確な根拠がないことが強要されていることになる。そして、それとは反対の事実が生まれても、それが全体に取り入れられることは少ない。

教室を飛び出すほど苦しんでいた子が、やり方を変えるだけで算数が大好きになった。

悪いのは、本当に子どもなのだろうか。

このような事例は決して珍しいわけではなく、どこでも見られるのである。

脳科学や研究の成果によって、今まで学校の中で当たり前のように行われてきたことが、実は効果的でないということが、次々と明らかになってきた。

本書では、それらをできるだけ具体的な形で集め、編集することにした。

最先端の研究、何年もかけて実証され確立された方法、教室での事実。それらをまとめることは、教室で苦しんでいる子ども達を救うことになる。

また、その子達をなんとかしたいと本気で思っている教師や保護者をも救うことになるだろう。

本書がその一助になれば幸いである。

小野隆行

目次

脳科学が明らかにする「子どもの事実」

教室環境

トラブル対応

「禁止・否定・怒鳴る」から「CCQ」へ

本書で参照されている東京教育技術研究所発行の次の二冊の書籍、
・『発達障がい児本人の訴え—龍馬くんの6年間—《Ⅰ．TOSS編》』向山洋一（監修）／向山一門（編著）
・『発達障がい児本人の訴え—龍馬くんの6年間—《Ⅱ．逐条解説編》』平山諭（著）
——は現在、合本『新装版 発達障がい児 本人の訴え—龍馬くんの6年間—』として刊行されている。

本書において同書を引用出典として表記する際は、それぞれ『発達障がい児 本人の訴えⅠ』『発達障がい児 本人の訴えⅡ』と記載する。

第1章

〈学級経営〉編

1 AD／HDだから集中力が続かないのか

絶対NG指導 ▼集中力が続かないとして、本人を責める。

一 「あの子はAD／HDだから……」

AD／HDという言葉が日本の教育界でも普通に使われるようになった。AD／HDは、注意欠如／多動症と日本語では訳される。文科省では、AD／HDを次のように定義している。

> ADHDとは、年齢あるいは発達に不釣り合いな注意力、及び／又は衝動性、多動性を特徴とする行動の障害で、社会的な活動や学業の機能に支障をきたすものである。
> また、七歳以前に現れ、その状態が継続し、中枢神経系に何らかの要因による機能不全があると推定される。
> （平成一五年三月「今後の特別支援教育の在り方について（最終報告）」）

おそらくこれは、アメリカの診断基準DSM－Ⅳより来ている。最新版のDSM－5では、七歳以前から一二歳以前に改められている。

AD／HDの特徴としては、次のことがあると言われている。

・集中が続かない。気が散りやすい。忘れっぽい。

・じっとしていることが苦手で、落ち着きがない。
・思いついた行動を、衝動的におこしてしまう。

だから、集中力が続かないＡＤ／ＨＤの子どもに対して、「あの子はＡＤ／ＨＤだから……」などと日本の教師は言うことが多い。しかし、それは本当だろうか。

二 アメリカの特別支援教育

アメリカでは、ＡＤ／ＨＤと診断されている子どもは日本よりも多い。日本が三・一パーセントである（平成二四年一二月五日　文部科学省初等中等局等区別支援教育課「通常の学級に在籍する発達障害の可能性のある特別な教育的心枝を必要とする児童生徒に関する調査結果について」）のに対し、アメリカでは一一パーセントの子どもがＡＤ／ＨＤと診断されている（米国政府統計https://www.cdc.gov/ncbddd/adhd/data.html）。

そのような状況にあるアメリカでは、ＡＤ／ＨＤを一つの個性として捉えようとする考え方がある。アメリカで話題になった心理学者デイル・アーチャー氏の著書『The ADHD Advantage: What You Thought Was a Diagnosis May Be Your Greatest Strength』には、次のように書かれている。

ＡＤ／ＨＤを病気や障害としてではなく、主に個性と独自の学習スタイルとして捉える。

ＡＤ／ＨＤを否定的に捉える日本と肯定的に捉える米国との違いを感じる。

三　子どもに興味関心を抱かせているか

ＡＤ／ＨＤの子どもは、興味関心があることには没頭する能力がある。集中が続かないのは、本当に本人に問題があるのだろうか。

集中が続かないのは、教師が子どもに興味関心を抱かせていないからではないか。

まずは、教師の指導を振り返ってみる必要があるだろう。

四　ＡＤ／ＨＤの子どもが集中できる環境

ＡＤ／ＨＤの子どもが集中できない原因は他にもある。それは、

ＡＤ／ＨＤの子どもが集中できる環境ができていない

ということである。

教室環境について、発達障害の研究の権威である杉山登志郎氏は次のように述べている。

学習に際して周囲の刺激を減らし注意散漫を治める工夫を行うこと、叱責をなるべく減らし情緒的な不安を軽減することがその中心である。

（『発達障害の子どもたち』講談社）

そのためには、どのような工夫が必要なのだろうか。まず一つ目として、

前面掲示をすっきりさせること

が必要である。

教室の前面に、学級目標や自分の顔の絵、当番表などぎっしり貼っていることはないだろうか。授業中、それに気を取られて集中できないことがある。教室の前面はできるだけすっきりさせ、黒板に集中できるようにしたい。

次に、

教師が子どもの集中をそぐようなことをしていないか

ということである。

例えば、歩く度に音がするようなスリッパを履いて授業している教師がいる。たかがスリッパの音でと思うかもしれないが、特別な支援を必要とする子どもの中には、感覚過敏をもち、そのような音をとても不快に思う子どもも存在する。そのような子どもは、スリッパの音だけで、集中をそがれているかもしれない。

「この子はＡＤ／ＨＤだから集中できない」などと決めつけるのは間違っている。ＡＤ／ＨＤの子どもが集中して取り組めるかどうかは、教師の働きかけに全てがかかっているのである。

ＡＤ／ＨＤの子どもが集中できないのは、実は子どもの問題ではなく、教師の問題なのである。まずは、自分の指導を振りかえってみる必要があるだろう。

特別支援の基礎

2 練習すればできるという「迷信」

絶対NG指導 ▼じっと待たせる。

一 ＡＤ／ＨＤの子どもの脳について分かってきていること

ＡＤ／ＨＤの子どもの脳についていろいろなことが分かってきている。

前頭前野の関連

大脳皮質前頭葉の前方の前頭連合野を前頭前野という。この部分では、実行機能（自分の注意や行動をコントロールする脳の働き）が調節されている。ＡＤ／ＨＤの子どもの場合は、前頭前野を含む脳の働きにかたよりがあると考えられている。加えて、

神経伝達物質の働きが十分でない

ことも分かってきている。神経伝達物質とは、脳の中にある神経細胞と神経細胞の間で情報をやりとりする物質である。ドーパミンやノルアドレナリンなどの物質がある。このドーパミンやノルアドレナリンの働きがＡＤ／ＨＤの子どもには不足気味であることが分かっている。

これらの神経伝達物質の働きが十分でないために、ＡＤ／ＨＤの症状である不注意や多動が起こるのではないかと考えられている。

もう少し多動について詳しく見てみよう。

多動は、先ほどの神経伝達物質の働きが十分ではないために、動くことによって、神経伝達物質を出させようとしている。脳が欲しているため、起こる行動なのである。

つまり、生まれもった個性であり、ＡＤ／ＨＤの子どもに「じっとしなさい」というのは、目が悪い人にメガネをかけさせず、しっかり見なさいというのと同じである。ましてや「練習すればできる」などというのは、拷問に等しいことである。

二　アメリカの特別支援教育では

日本では長年、多動を制限しようと指導してきた。しかし、海外ではどうだろうか。

二〇一五年の四月にアメリカのセントラルフロリダ大学が行った発表では、次のように述べられている。

> ＡＤ／ＨＤの子どもによく見られる過剰な運動は、情報を記憶し、複雑な認知課題を解決するために不可欠である、と新しい研究が示している。
>
> https://www.sciencedaily.com/releases/2015/04/150417190003.htm

ＡＤ／ＨＤの子どもが学習する時に、足でリズムを取ったり、足をぶらぶらさせたり、椅子をゆらしたりすることは必要な行為であるという結果が出たのである。

また、ＡＤ／ＨＤの子どもの落ち着きのなさが目立つのは、学習している際に記憶するなど、脳の機能が働いている時だと判明したのである。さらに今回の研究では、その動きとの関連性も調べられた。すると、

活動している時が最も学習効果が高まる結果となった

ということである。

このことからも、「じっと待たせる指導」がどれだけ意味がないのかが分かる。

私が視察したアメリカの学校では、子ども達はいろいろな椅子に座っていた。動くような椅子や、バランスボールを椅子にするなど、自分に合った椅子を使っている。また、センサリーグッズと呼ばれるさまざまなものを持っている子どもがたくさんいる。

これは、自分が落ち着くものを持っているそうだ。

授業中にこれを触っても、誰も何も言わない。むしろこのようなグッズを持つことが推奨されている。

アメリカでは、日本と違い、むしろ動くことが奨励されているのである。日本との大きな違いである。

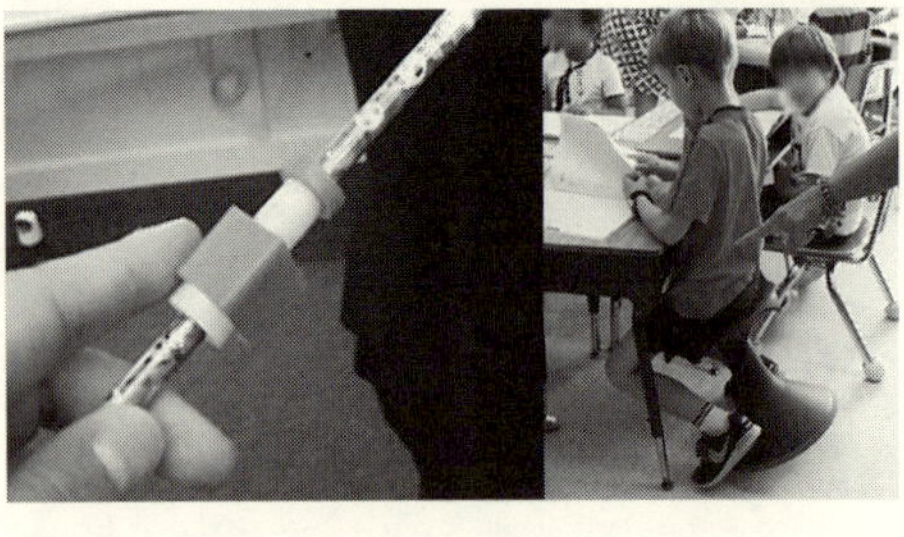

三　授業中に動きを取り入れる

日本でもそのようなグッズを持ち込めばよいのだろうが、それは一朝一夕にできることではないだろう。では、どのようにすればよいのか。それは、

授業中に動きを取り入れる

ことである。例えば、音読の際に次のような指示を行うと、動きを取り入れることができる。

全員起立。一回読んだら座りなさい。

これで、音読でも動くことができるようになる。同じような指示は他の場面でも使える。

全員起立。覚えたら座りなさい。

など、バリエーションはたくさん考えられる。

ノートに書くことも運動の一つと考えられる。落ち着きがない子が書き始めたら静かになるというような経験がある人は多いだろう。漢字の指書きなども運動を取り入れた指導の一つである。

このように、じっとさせる指導ではなく、動きを取り入れることで、ＡＤ／ＨＤの子どもも落ち着いて授業に臨むことができる。

3 子どもの特性が分からない教師の「おごり」

絶対NG指導 ▼どの先生の言うことも聞かなければならない。

一 どの先生の言うことも聞かなければならないのか

特別支援の子どもを担任した場合に、次のように言われる場合がある。

> ○○くんは、担任の先生の言うことは聞くけれども、他の先生の言うことは聞かない。どの先生の言うことも聞くようにしてほしい。

これは、本当だろうか。

そもそも自閉スペクトラム症とは、アメリカの診断基準DSM−5によると以下を指す。

> 以下の、A、B、C、Dを満たすこと。
> A：社会的コミュニケーションおよび相互関係における持続的欠陥（以下の三点）
> 1．対人的、情緒的な相互関係の欠落
> 2．他者との交流に用いられる言葉を介さないコミュニケーションの欠陥
> 3．（年齢相応の対人）関係性の発展・維持の障害

B：限定された反復する様式の行動、興味、活動の反復的な様式（以下の二点以上で示される）
1．常同的で反復的な運動動作や物体の使用、あるいは話し方
2．同一性へのこだわり。日常動作への融通のきかない執着、言語・非言語上の儀式的な行動パターン
3．集中度や焦点付けが異常に強く限定、固定された興味
4．感覚入力に対する敏感さあるいは鈍感さ、あるいは感覚に関する環境に対する普通以上の関心
C：症状は発達早期の段階で必ず出現するがその後の生活で学んだ対応の仕方によって隠される場合もある。
D：症状は社会や職業その他の重要な機能に重大な障害を引き起こしている。

ここには、対人関係性を発展・維持することが難しいことや、同一性へのこだわり、日常動作への融通のきかない執着などが書かれている。

つまり、自閉スペクトラム症の子どもは、どの人の言うことも聞かなければならないということが難しい特性をもっていることが分かる。

「どの先生の言うことも聞かなければならない」「先生の言うことは必ず聞くべきだ」などと思うこと自体が、現代では非常に誤った考え方であることが分かる。

二　愛着障害の可能性

愛着障害という障害をご存じだろうか。

愛着障害とは、まだ明確に定義されていない部分もあるが、大きくは「特に幼少期に不適切な環境や関

わりなどによってうまく愛着関係が形成できないことで、その後の人間関係や社会性の発達に困難が現れる障害」と言える。

前述のDSM–5によると、愛着障害は「反応性アタッチメント障害（反応性愛着障害）」と「脱抑制型対人交流障害」の二つに分けられている。

反応性愛着障害は、次のように書かれている。

> 彼らは、苦痛を感じたときに、養育者から安楽、支え、愛情を込めた養育、または保護を得るための一貫した努力を示さない。さらに、苦痛を感じたとき、この障害をもつ子どもは、養育者の安楽を与えようとする努力に対し最小限にしか反応しない。（中略）このように、反応性アタッチメント障害をもつ子どもは、養育者との日常的な交流の中で陽性の情動の表出の減少または欠如を示す。
>
> （日本精神神経学会監修『DSM–5 精神疾患の診断・統計マニュアル』医学書院、二六四頁）

これらの症状は、自閉スペクトラム症の子どもによく見られる症状であるので、その判別が必要になるが、なかなか難しい。

脱抑制型対人関係交流障害は、次のように書かれている。

> 脱抑制型対人交流障害の基本的な特徴は、ほとんど初対面の人への文化的に不適切で過度の馴れ馴れしさを含む行動の様式である。
>
> （同書、二六七頁）

これは、ＡＤ／ＨＤの症状と間違われやすい症状である。つまり愛着障害をもつ子どもは、発達障害と同様の症状を示しやすいのである。

では、愛着障害をもつ子どもはどのような特徴があるのだろうか。

反応性愛着障害のある子どもは、人に頼ることが苦手である。つらいことがあっても周囲の大人にうまく頼れない。

逆に脱抑制型愛着障害のある子どもは、初対面の人にも人見知りせずにべったり抱きつくなど、周囲の状況にそぐわない馴れ馴れしい言動に出ることがある。

反応性愛着障害の場合、どの先生の言うことも聞くようにするのは難しいことが分かる。

三　発達障害児本人の訴え

どの先生の言うことも聞くことが難しいことを、発達障害をもつ子どもはこう書いている。

> 信頼していない人からの注意書きは、混乱を招くだけ。正しいやり方は、信頼している大人から伝えた方がいい。
>
> （『発達障がい児　本人の訴え　Ⅰ』、一四頁）

信頼関係は、通常の大人でもなかなか築くことは難しいものである。

ましてや特別支援が必要な子なら、より一層難しい。

日常の中で、その子をできるようにして、「この先生の言うことは聞きたい」「この先生の言うとおりにしたら良いことがある」と思わせない限り、築けないものである。

どの先生の言うことも聞かなければならないのではなく、まずは信頼できる人を作り、徐々に信頼できる人を増やしていくことが大切である。

教師のおごりではなく、子どもの特徴を見抜き、考えていく目が重要である。

脳から考える

4 「なぜ、自分で考えて行動できないの?」

絶対NG指導 ▼「○年生だから自分で考えて行動しろ」。

一 なぜ、できないのかを知る

高学年になると、「自分で考えて行動しなさい」と指導されることが増える。この指導で、多くの発達障害の子どもが苦しんでいる。

ある広汎性発達障害の六年生の子どもが次のように述べている。

> 「6年生なんだから自分で考えて行動しろ」。と言われると、何をすればいいか分からなくなる。僕の頭はなにがなんだか分からなくて、混乱する。
>
> (『発達障がい児 本人の訴え Ⅰ』、一二四頁)

なぜ、自分で考えて行動できないのか。

AD/HDの子どもの基本的な症状は、

大脳の前頭葉連合野が司る「行動抑制」「実行機能」の障害である。

という仮説が出されている。

「行動抑制」とは、順番を待つ、会話を邪魔しない等、長期的な報酬を期待し、目の前の満足を先延ばしにし、行動を抑制することである。

一方、「実行機能」は自己を管理して行動するために必要な能力で、作業記憶、内的会話での自己制御、情動・覚醒レベルの調整などが関係する。

さらに、ＡＤ／ＨＤとドーパミン、ノルアドレナリン、セロトニンなどの神経伝達物質の代謝障害との関連も論議されている。

「自分で考えて行動する」ことには、この中の「実行機能」に大きな関係がある。

福井俊哉氏の論文「遂行（実行）機能をめぐって」（https://www.jstage.jst.go.jp/article/ninchishinkeikagaku/12/3+4/12_3+4_156/_pdf/-char/ja）によると、「実行機能」は、次のように定義される。

> 遂行（実行）機能とは、「将来の目標達成のために適切な構えを維持する能力」と定義され、具体的には、㈠目標設定、㈡計画立案、㈢計画実行、㈣効果的遂行などの要素から成り立っている。換言すると、㈠意図的に構想を立て、㈡採るべき手順を考案・選択し、㈢目的に方向性を定めた作業を開始・維持しながら必要に応じて修正し、㈣目標まで到達度を推測することにより遂行の効率化を図る、と

いう一連の行為を指す。

特別支援が必要な子どもはこの実行機能が弱く、自分で構想を立てたり、採るべき手順を考案・選択することができにくいのである。そのような状態では、「自分で考えて行動する」ことは難しく、子どもは混乱する。

二 視覚映像優位型の子ども

なぜ、混乱するのだろうか。杉山登志郎氏は『発達障害のいま』の中で、認知の仕方について次のように述べている。

> 言語を中心とした認知機能が優位なグループを聴覚言語優位型と呼び、映像イメージによる認知のほうが優位なグループを、視覚映像優位型と呼ぼう。すべての人は、このどちらかのグループに属するが、視覚映像優位型は発達凸凹をともないやすい。
>
> （『発達障害のいま』講談社現代新書、六九頁）

加えて、視覚映像優位型の子どもへの指導のポイントを次のように述べている。

> 子供のなかに映像でのイメージができなければ、理解できない。
>
> （同書、七二頁）

特別支援が必要な子どもには、視覚映像優位型が多い。「自分で考えて行動しなさい」という指導では、視覚映像優位型の子どもは、行動を映像でイメージすることができないのである。
そして、「自分で考えなさい」という指導を続けた結果、次のようになってしまう。

> 何を考えたらいいのか、どこに集中したらいいのか分からなくて、頭がストップする。結局僕は何も出来ない。（中略）
> 他の人には出来ても、僕にはけっして出来ない。
> （前掲『発達障がい児 本人の訴え Ⅰ』、二四頁）

こうして、自己肯定感が著しく下がってしまうのである。

三　選択肢を出す

自分で考えて行動させたいのであれば、選択肢を示して選ばせることで、考えやすくするとよいだろう。

平山諭氏も次のように述べている。

> 「何をすればいいかわからなくなる」とは見通しがなく、行動の選択ができないということだ。選択肢を与えて答えてもらうか、予告をして承認をもらおう。
> （『発達障がい児 本人の訴え Ⅱ』、二八頁）

教師が示した選択肢から自分で考えて選ぶことで、自信をもって行動することができるようになる。

5 行事を「さぼる」という誤解

絶対NG指導 ▼さぼっている、我慢が足りないと捉えて無理やり参加させる。

一 「行事に参加しない＝さぼっている」ではない

発達障害の特性をもつ子どもの中には、普段と異なる環境に戸惑ったり、不安を大きく感じてしまう子どもがいる。

『発達障がい児　本人の訴え　Ｉ』に次のようにある。

> 学年で集まっていると必ずおなかが痛くなる。合唱練習や学年集会の時、ストレスがたまっておなかが痛くなる。いつもいつもの事で困る。無理だと思ったその時に、外に出してもらうようにしてもらう。でもそれは、さぼっているのではないと分かってほしいです。
>
> （四六頁）

発達障害の特性には脳が大きく関わっていると言われている。「側頭葉」「大脳辺縁系」「扁桃体」「前頭葉」などである。

「側頭葉」は、人の表情から気持ちを理解することなどに関わっている。

「大脳辺縁系」は、喜怒哀楽などの情動や感情、記憶に関わっている。

「扁桃体」は、恐怖心や不安感などをコントロールすることに関わっている。

そして、それらに大きく関わるのが「前頭葉」である。「前頭葉」は脳全体の機能を司っている。

発達障害は脳がうまく機能していない状態とされており、さまざまな特性が表れる。

特性は大きく三つある。

一．話し相手の意図や表情などをうまく読み取ることができにくい面がある。

二．まわりの人に合わせて行動する社会性が弱い。

三．予定外のことや未知の出来事への想像力が弱く、自分の興味のあることにこだわったり融通がきかなかったりする。

だから興味がないのにじっとしていることを強いられる仰々しい行事が苦手で、見通しがもちにくい運動会の練習なども参加できにくいのだ。

『発達障がい児 本人の訴え Ⅱ』（同）には次のようにもある。

> 集団の中にいると、強いプレッシャーがかかり、お腹が痛くなったり、吐きそうになったりする発達障がいの子どもは多いのだ。発達障がいの特性を勉強しないと、「さぼっている」としかとらえられない教師も出てくる。
> （五六頁）

決して「しつけ」の問題でも、我慢が足りないからでもない。しかし、中には遠足などの行事を楽しむことができる子もいる。そのような状況を見ると、楽しいことはやるのに、大変なことはやらないと考えてしまう。「さぼっている」とは捉えないまでも、「甘えている」「我慢が足りない」と誤解されてしまう。

では、なぜ遠足には参加しやすいのだろうか。大切なポイントは「選択できる」ということだ。遠足の弁当は、友達と食べるか先生と食べるか選ぶことができる。集団を離れることが可能となる。遠足の中でのイベントも参加するかどうか選ぶことができる。このようにさまざまな参加の仕方が可能だから、遠足には参加しやすいのだ。

しかし入学式などの行事は全てに参加するか、全く参加しないかのどちらかである。また、参加しないことは悪いことと捉えてしまいやすい。

運動会の練習も全てに参加することを強制せず、見学することを認めたり、活動途中でも退席を認めたりするなど柔軟に対応することで、ぐっと参加しやすくなる。

発達障害の特性を勉強することで、子どもに合った行事参加の仕方が見えてくる。

二 「先生ごめんなさい」——入学式を途中退席した六年生のA子の話

A子は、前日、入学式の準備として掃除や教室の飾りつけなどに取り組んでいた。

入学式当日、式へ向かう途中「行きたくない」と何度か訴えていた。「何がいや?」と尋ねると「あのシーンとしたの」と答えていた。

式場まで連れて行けばなんとかなるだろう……と考え、「さぁ、行くよ!」とA子の少し前を歩きながら会場へ向かった。A子は渋々ながらも会場に入り、席に着いた。

A子の席は式場の一番後ろ。その隣りに私は座った。式が始まるまで約三〇分の間、校歌を歌ったり、起立や礼の練習などをしながら開式を待っていた。式が進めば進むほど、A子は隣りにいる私の洋服を触ったりピタッとくっついてきたりするようになった。

「もう出る」

Ａ子が耳元に訴えてきた。

「もう無理？」と尋ねると「無理……」と返ってきた。

「分かった」と答え、式次第に目をやった。

「来賓紹介」「在校生のお祝いの言葉」「校歌」「退場」の四つが残っていた。「在校生のお祝いの言葉」の時ならば目立つことなく体育館を出ることができる。

「『来賓紹介』まで待てる？　そうしたら出やすいよ」と言うと、Ａ子は小さく首を横に振った。

これ以上は無理だと感じたので、二人で会場を出た。

Ａ子は足早に教室に戻ると、すぐに本を手に取り、自分の席に座った。

「入学式後の片づけには行こうね」と声をかけた。

それから、少したった時、Ａ子がポツリとつぶやいた。

「先生、ごめんなさい」

Ａ子は入学式を途中で退席したことを悪いと感じていたのだ。でも、退席せざるを得なかったＡ子の気持ちを考えると胸が締め付けられた。

行事に参加しない＝さぼっている、ではない。

Ａ子の言葉が教えてくれている。

脳から考える

6 表情や言葉の強さの意味を教える

絶対NG指導 ▼表情や身振りで考えさせる。

一 表情や身振りでは分からない

集会でおしゃべりをしている子ども達が数人いる。教師は怖い表情で、じっとその子達を見る。

「しまった……」という表情で数人の子はおしゃべりをやめる。

しかしAくんはやめないので、さらに怖い表情でにらみながら、人差し指を口元にあてて、「シッ」と合図を送る。Aくんはこちらを見るが、おしゃべりをやめる気配はない。

その後、教師はAくんを呼び出し、大声で怒鳴る。

しかし翌週の集会では、また同じようにおしゃべりをするAくん。何度も怖い表情と身振りで伝えるが、一向に態度は改善されない……

このような経験はないだろうか。

他にも、両手の人差し指をクロスし、×印をして行動をやめさせようとするが、全くやめない。手でOKサインを出すが、伝わっていない気がする。用事があって「おいで」と手招きをするが、こちらに来ない。そのようなことも、あるかもしれない。

ある広汎性発達障害の六年生の子どもが次のように述べている。

身ぶり・手ぶりは理解できない。あらかじめどの身ぶりがどういう意味なのか、どの手ぶりがどういう意味なのか教えておかないと分からない。

（『発達障がい児　本人の訴え　Ⅰ』、二一頁）

なぜ、こんなことになるのだろうか。

二　自閉スペクトラム症の脳について分かっていること

東京大学医学部附属病院が二〇一二年六月二一日に発表した論文によると、自閉スペクトラム症に脳の特定領域の活動不全が関与していることが分かっている。

以下は、その論文のプレスリリースからの引用である（https://www.m.u-tokyo.ac.jp/news/admin/release_20120623.pdf）。

東京大学大学院医学系研究科精神医学分野の准教授山末英典、同統合生理学分野の大学院生渡部喬光らのグループは、自閉症スペクトラム障害の当事者では、他者が自分に対して友好的か敵対的かを判断する際に、顔や声の表情よりも言葉の内容を重視する傾向があること、また、その際には内側前頭前野と呼ばれる脳の場所の活動が有意に弱いことを初めて示しました。さらにこの内側前頭前野の活動が減弱しているほど臨床的に観察されたコミュニケーションの障害の症状が重いことを示しました。

（科学技術振興機構「戦略的創造研究推進事業ＣＲＥＳＴ」および文部科学省「脳科学研究戦略推進プログラム」による成果）

つまり、脳の障害によって、顔や声の表情を読み取ることが難しいことが示されているのである。

表情や身振りで考えさせることが難しい理由である。

前述の六年生の子どもは、次のように述べている。


顔の表情は、表情の意味を教えておかないと分からない。

言葉の強さの意味［弱いときは優しい・強いときは怒っている。］ということを教えておかないと分からない。

（前掲『発達障がい児 本人の訴え Ⅰ』、二一頁）


教えておかないと分からないということは、きちんと分かるように教えれば分かるということだ。

表情や身振りの意味、気持ちによる言葉の強さの違いを教える必要がある。

三　あらかじめ教えて練習する

嬉しい、楽しい、悔しい、困っている、怒っているなどの気持ちを表す表情をそれぞれ教えていく。

教える時に、表情を作る練習も本人にさせたい。鏡を使ったり、練習の様子をビデオで撮って再生したりして、視覚的に学べる工夫をしていくことが必要だ。

平山諭氏も、次のように述べている。


表情や身振りもコミュニケーションの手段であり、特に相手の気持ちを読むときのヒントになる。

気持ちを表す表情などは、日本人にほぼ共通しているので、ビデオモニターを使った表情作りトレーニングは有効である。

（『発達障がい児　本人の訴え　Ⅱ』、二四頁）

また、身振りの理解も練習が必要だ。

「人差し指を口にあてたら、今は話してはいけません、静かにしなさいという意味ですよ」と話す。その後、何回か話をしている時に人差し指を口にあてて、静かにする練習をする。

他にも、「手のひらを広げて見せた時には、ストップという意味」「親指を立てた時には、とても良いという意味」など、ハンドサインをいくつか決めておき、練習していく。

一度に全てを教えるのではなく、一つずつ、繰り返し繰り返し練習していく。

四　教えて褒める

一度教えたからといって、すぐにできるようにはならない。

表情や身振りに注目して、少しでも行動を変えたら、できたことを本人に伝えて褒める。

もし表情や身振りを理解できていないようであれば再び伝え、また練習をする。

そして少しでも理解できることが増えたら、褒める。

「教えて褒める」。この繰り返しで表情、身振りを理解できずに苦しんでいる子どもを一人でも多く救うことが教師に求められている。

脳から考える

7 「たとえ話」でわざわざ分からないようにしていないか

絶対NG指導 ▼「たとえ話」で説明をする。

一 「たとえ話」はかえって分かりづらい

自閉スペクトラム症の子どもは想像力を使って物事を考えることが苦手である。

発達障害の龍馬くんは「たとえ話」について、以下のように述べている。

> やってはいけない事・迷惑な事をしたときにはっきり言葉で言わないで、たとえ話で話をされると、さっぱり分からない。
>
> 必要な言葉を正確にきちんと言う事で、やっとわかるのに、わざわざ分からないようにしてしまっている。分からないから続けていると怒られる。なんで怒られたか分からない。
>
> 必要な言葉をはっきりと伝える。たとえ話や遠回しな言い方は混乱するだけ。
>
> （『発達障がい児　本人の訴え　Ⅰ』、一二二頁）

二 なぜ「たとえ話」が分かりにくいのか

なぜ、自閉スペクトラム症の子どもは、たとえ話が分かりにくいのだろうか。

それは、自閉スペクトラム症の子どもの脳に原因があると言われている。

自閉スペクトラム症は、遺伝的要因に環境的要因が加わることで発症する疾患であると考えられている。その一つの原因として、脳内の神経伝達物質の一つ、セロトニンが関係していることが分かってきている。二〇一七年六月に理化学研究所脳科学総合研究センターの内匠《たくみ》透《とおる》シニアチームリーダー、日本医科大学大学院医学研究科の鈴木秀典教授らの共同研究グループが、以下の研究結果を発表している。

> 共同研究グループはヒトの15番染色体重複と同じゲノム異常を持つモデルマウス（15番染色体重複モデルマウス）を解析したところ、脳内セロトニンの減少に関連して、セロトニンの供給元である中脳の縫線核の働きが低下していることや、セロトニン神経の投射先である大脳皮質（体性感覚皮質バレル野）での感覚刺激の応答異常を発見しました。また、発達期に重点をおいた薬理学的なアプローチでモデルマウスの脳内セロトニン量を回復させることにより、縫線核と大脳皮質の電気生理学的異常を改善させることに成功しました。さらに、15番染色体重複モデルマウスの成長後にセロトニン量を回復させることで、社会性行動異常も改善することが分かりました。
>
> （理化学研究所ＨＰ　http://www.riken.jp/pr/press/2017/20170622_1/）

セロトニンの異常は、次のような症状をもたらすことが分かっている。

> 感覚入力を受け取る脳領域の機能の低下
> 仲間にアプローチする社会性行動の低下

そのため、自閉スペクトラム症の子どもには、

言葉を字義通りに捉えてしまう。
想像力の欠如。

という症状が起こりやすい。だから、「たとえ話」をされても、そのたとえ話の裏にある意味に気付きにくく、分からないのである。

三　分かりやすく伝えるには

では、特別支援が必要な子どもには、どのように説明したり、指示をしたりすればよいのだろうか。
例えば、次のような方法がある。

「みなさん」ではなく、「○○くん」「○○さん」と名前を呼ぶ。

想像力の欠如により、「みなさん」では、自分もその中に入っていると思わない。直接「○○くん」のように呼ぶことで、自分に言われているということが分かる。

「廊下を走らない」ではなく、「廊下を歩きましょう」のように伝える。

「廊下を走らない」という指示の裏には、「廊下を歩く」という意味が含まれている。しかし自閉スペクトラム症の子どもの中には、その裏にある意味が分からない子どももいる。ゆえに、実際に行ってほしい行動を具体的に、「廊下を歩きましょう」のように指示をすることが大切なのである。

比喩や冗談などを使わずに、具体的に話す。

比喩や冗談などを使って、長く話すと伝わりにくい。一文を短く、具体的に指示をすると良い。

一番目は、○○をします。
二番目は、△△をします。

このように、数字も使って順序を指示すると、分かりやすくなる。さらに、一文を短くするためには、

一時に一事のスモールステップの指導

を心がけることが大切である。

8 乱暴な言い方の裏に隠された意味

絶対NG指導
▼皮肉など、乱暴な言い方で伝える。
▼乱暴な子どもの言い方に高圧的に対処する。

一 皮肉は分からない

特別支援の子どもに皮肉などを込めて、乱暴な言い方をしても伝わらない。それはなぜだろうか。

山口真美『発達障害の素顔』には、次のように説明されている。

> 音の高さ（ピッチ）をとらえる基礎である、「詳細時間構造」が弱いという。「詳細時間構造」とは、音を時間構造の単位にまとめて分析する仕組みだ。音の高低の聞き分けができないと、聞きたい音の成分を抜き出すことも難しくなる。音の高さがわからないと、会話の語感がわからないため、怒られているかどうかなどのニュアンスが伝わらないことになる。実際に自閉症者は、どこが強調されているかがわからず、会話の微妙なニュアンスに気づけないのだ。
>
> （『発達障害の素顔――脳の発達と視覚形成からのアプローチ』講談社ブルーバックス、六二頁）

そのため、皮肉などが伝わらない。また、大きな声で指導することも、あまり効果がないことが分かる。

逆に、特別支援が必要な子どもは、聴覚過敏をもっている場合もあるため、そのような子どもには逆効果となる。

また、乱暴な言い方が分からない原因として、同書では次のことも指摘されている。

> 自閉症者は、そもそも顔の見方が異なっていると指摘する研究者も多い。顔を見ているときの視線の行方を計測すると、通常と異なることが複数の実験から明らかになっている。アイカメラを使って自閉症者の視線の行方を調べると、目を見ずに口元ばかり見る傾向がある。もうひとつの例として、会話している二人の姿のシーンを見ているとき、通常は話者に注目するのに対し、自閉症者はこうした注意の向け方をしない。
> （同書、一二二頁）

つまり、顔の表情が読めないため、その言い方が自分に敵意をもっているのか、そうではないのかなどを理解することが難しいのである。字義通りに捉えてしまうと言われる原因である。

二　子どもが乱暴に言ってくる場合

逆に、特別支援の子どもが怒鳴るように、乱暴に言ってくる場合がある。

これは、なぜだろうか。それは、いくつかの原因が考えられる。

１　状況を読めていないため。

状況を読みとりにくいため、適切な声の大きさや言い方が分からない可能性がある。

そのために乱暴な言い方になってしまっているのだ。

この場合、正しい声の大きさや言い方を教える必要がある。

2　適切な声の大きさが分からないため。

次に考えられる原因は、周囲の状況に合わせた自分の声の大きさが分からないことである。

自分がどれくらいの声の大きさを出しているのかを分かるようにしてあげる必要がある。

よく「声のものさし」などを使って指導が行われる。あのようにして、自分の声の大きさを視覚的に分かるようにすることも必要である。


現在はスマートフォンのアプリで、声の大きさの練習ができるものもある。「こえキャッチ」という、上から落ちてくる果物を、声の大きさでキャラクターをコントロールして拾うアプリで、声の大きさの調整をゲーム感覚で学ぶことができる。このようなアプリを使うことで、楽しみながら、何度も声の大きさを練習することができる。

3　正しい言い方を知らないため。

言語の習得に遅れがある発達障害の子どもの場合は、正しい言い方を知らない場合もある。

その場合は、高圧的に指導するのではなく、淡々と正しい言い方を教えると良い。

「そういうときには、〇〇と言うんだよ。やってみてごらん」などのように教えていくと効果的である。

4 二次障害で正しい言い方ができないため。

二次障害が起こり、正しい言い方ができない場合も考えられる。二次障害とは、

周囲からの不適切な対応や自尊感情の低下により、情緒の不安定や反抗的な言動、深刻な不適応などを起こした状態。

このことを言う。このような状態の時に乱暴な言い方を注意されたどうなるだろうか。

せっかく話しかけようと試みたのに聞いてもらえないという失敗体験を積むことになる。その結果、余計に教師の話を聞いてくれなくなることが考えられる。

また、かまってもらいためにわざと乱暴な言い方をする場合もある。これも、乱暴な言葉の裏に隠されているのは、「かまってもらいたい」というメッセージである。

そう考えていくと、その子に本当に適切な指導がどのようなものなのかが理解できる。

つまり、淡々と注意をして、話を聞いてあげると良いのだ。

乱暴な言葉を使うのには背景がある。表面上だけを捉えて指導するのではなく、その背景まで考えて指導をしていくことが重要となる。

そのためにも、教師は発達障害について広く学ぶことが大切である。

脳から考える

9 グループ学習があれば、どの子も参加できるのか

絶対NG指導 ▼手順や役割を指示せずにグループ活動を行う。

一 「グループ学習は大変です」

グループ学習は、子ども達が助け合い、子ども達自身で活発な話し合いができるため、多くの教科で行われている。ただ、発達障害をもつ子どもにとっては、適切な配慮を行わなければ、グループ学習はつらいものとなる。

発達障害の龍馬くんは、夏休みの自由研究として自分の特性について分析し、対処法を書いている。

グループ学習については以下のように述べている。

> グループ学習は大変です。さっぱり分かりません。
>
> （『発達障がい児 本人の訴え Ⅰ』、二五頁）

また、龍馬くんはこのように分析している。

> なにをしたらいいか分かりません。協力・相談ということは、一番辛いことです。いろんな人がいるので、どうしたらいいのか分かりません。
>
> 「自分で考えなさい。」とか「自由にやりなさい。」とか「自主性に任せている。」とか言わないでほ

しいです。

ふつうの子達なら分かるかもしれないけど。

（同書、二五頁）

なぜ、グループ学習が難しいのか。その理由を述べていく。

二 聴覚過敏の可能性

発達障害をもつ子どもの中には、聴覚過敏のケースが存在する。聴覚過敏とは、

多くの人が十分我慢できる音を、苦痛を伴う異常な音として認識すること。

である。

具体的にどのような聞こえ方がするかは、それを再現した映像がインターネット上に数多く出ているのでご覧いただきたい。

ここではその中の一つ、「カーリーズカフェ」という映像をご紹介しておきたい（https://www.youtube.com/watch?time_continue=46&v=KmDGvquzn2k）。

いろいろな音が大きな音量で同時に聞こえる。周りの音の中に嫌な音があると、ものすごく大きく聞こえる。カフェで、一杯のコーヒーを飲むだけでも、とても大変なことが分かる。

グループ学習では、同時にいろいろな声や音が聞こえる。聴覚過敏でこうした聞こえ方をする子どもの場合、グループ学習にすることで余計に学習に取り組めなくなることが分かる。

山口真美『発達障害の素顔』では、次のように述べられている。

> 人の声を識別する能力の萌芽は、胎児までさかのぼる。人の声のもつ音響学的な特性は、胎児の段階から優先的に聞き取られている。さらにその学習も早く、出生時にはあらゆる言語の母音や子音を聞き分けられる能力をもつものの、生後10ヵ月になると母国語だけに限られるようになる。母国語だけに絞って、より繊細な聞き取り能力を獲得していく。このように生まれたときから非常に高い、音声認識能力をもつのがヒトの特徴だ。こうして、人の声を優先的に処理することができるようになる。
>
> こうした聞き分けを自動的にできないと、教室の外の騒音や周囲のざわめきが、先生の声と同じレベルで耳に入ってきてしまう。そのため先生の声に集中することができない、人の声が聞き取れないといった状況となり、一般にいわれる自閉症特有の症状、「言葉の遅れ」につながる。
>
> (『発達障害の素顔──脳の発達と視覚形成からのアプローチ』講談社ブルーバックス、六一頁)

さらに、同書の中では次のように書かれている。

> 反対に、聞き取りにくい音もあるらしい。それは特に、人の声である。
>
> (同書、六一頁)

ざわざわした状況では、余計に学習できないことが分かる。

三 臨機応変の難しさ

加えて、グループ学習で問題となるのは、状況に応じた行動が必要になるということである。

グループ学習では、相手の話すことによって、臨機応変な対応が求められることが多い。

そのような周囲の状況を把握することが特別支援の必要な子どもは特に苦手だ。そのため、参加が難しいのである。

加えて、グループ学習では、今後の行動を予想することが難しい。

発達障害をもつ子どもの中には、実行機能が弱く、見通しが立ちにくいことに取り組むのが難しい子どももも多い。

そのような子ども達にとって、グループ学習はとてもつらいものとなるのである。

四 手順や見通しを教える

では、どうしてもグループ学習を行う場合にはどのようにすればよいのか。

発達障害をもつ龍馬くんは、次のように言っている。

> 具体的な手順や役割をあらかじめ指示してもらいたいです。それだけでずいぶん参加しやすいです。小さい子のような事だけど、僕には必要なことです。
> （前掲『発達障がい児 本人の訴え Ⅰ』、二五頁）

グループ活動を行う場合には、あらかじめ行うことを説明し、見通しがもてるようにする。グループ活動を行うことや、グループ活動で何をどの手順で行うのか、グループには誰がいるのか、場所はどこなのか、時間はどれくらいなのかなどを教えておく。

言葉で伝えるのが難しい場合には、黒板などに箇条書きして伝えるようにするとよい。

脳から考える

10 すぐに怪我をするのはなぜか

絶対NG指導 ▼努力や慣れの問題として本人を責める。

一 発達性協調運動障害（DCD）の可能性

「靴紐がうまく結べない」「つまずくものがないのに、よく転ぶ」など、人並み外れて不器用な子どもや、極端に運動の苦手な子どもが存在する。

これは、発達障害の一つである「発達性協調運動障害（DCD＝Development Coordination Disorder）」である可能性が高い。アメリカの診断基準DSM-5では、次のように定義されている（『DSM-5 精神疾患の診断・統計マニュアル』より）。

A．協調運動技能の獲得や遂行が、その人の生活年齢や技能の学習および使用の機会に応じて期待されるものよりも明らかに劣っている。その困難さは、不器用（例：物を落とす、または物にぶつかる）、運動技能（例：物を掴む、はさみや刃物を使う、書字、自転車に乗る、スポーツに参加する）の遂行における遅さと不正確さによって明らかになる。

B．診断基準Aにおける運動技能の欠如は、生活年齢にふさわしい日常生活動作（例：自己管理、自己保全）を著明および持続的に妨げており、学業または学校での生産性、就労前および就労後の活動、余暇、および遊びに影響を与えている。

C．この症状の始まりは発達段階早期である。

D．この運動技能の欠如は、知的能力障害（知的発達症）や視力障害によってはうまく説明されず、運動に影響を与える神経疾患（例：脳性麻痺、筋ジストロフィー、変性疾患）によるものではない。

このDCDの子どもの割合は、NHKハートネットhttps://www.nhk.or.jp/heart-net/article/124/の記事によると、六～一〇パーセントである。つまり三〇人学級では、クラスに二～三人程度存在する計算になる。

それだけではない。前述の記事には、次のことも書かれている。

> 注意欠如・多動性障害（AD/HD）の約三〇～五〇パーセント、限局性学習障害（LD）の子どもの約五〇パーセントに見られ、自閉スペクトラム障害（ASD）と併存することも多くあります。そして、この障害は大人になっても、五〇～七〇パーセントと高い頻度で残存するとされています。

また、次のような研究もある。

島谷康司氏、関矢寛史氏、田中美吏氏、長谷川正哉氏、沖貞明氏による研究「障害物回避の見積もり能力に関する発達障害児と健常児の比較」では、異なる高さのバーを一本ずつ呈示し、かがみこむことなしに、体を接触させずに通り抜けることができるかを調べている。これによると、発達障害を持つ子どもの成功数が優位に低かった。そのことを、発達障害を持つ子どもは身長とバーの相互関係からバーへの接触回避を見積もる能力が劣っているために、障害物に接触する頻度が高いのでは無いかと推測している。

これも、発達障害をもつ子どもが目で見たものと体をうまく協調させて動かすことが難しいことを示すものだと言える。

このように、発達性協調運動障害によって、すぐに怪我をしてしまう状況にある子どもがたくさんいるのである。ただ、この障害をもつ子どもに対して、「練習が足りない」「怠けている」「何度も繰り返せば必ずできるようになる」と反復練習を強いられる場合が多いのである。それでは本人の自尊感情はどんどん下がってしまう。

とても不器用な子どもを見た場合、発達性協調運動障害を疑ってみる必要がある。

二　オススメの運動器具

このような子どもにお勧めの遊具がある。それは、

ジャングルジム

である。

ジャングルジムは、まっすぐに登り降りするだけでなく、斜めに登り降りするなど、三次元的な体の動かし方をする。また、上肢と下肢がそれぞれバラバラに動くことに加えて、それぞれの手足を独立させて動かす必要がある。そのため、より複雑な体の動きを学ぶことができる。

さらにジャングルジムでは、目で見なくても頭がどの辺りに位置するのかを感じ取り、枠にあたらないようにくぐり抜けるには体をどう動かせばよいのかを学習することができる。複雑に上れば上るほど、体幹筋をまんべんなく使うことにもなり、姿勢の安定にも繋がる。

このように、ジャングルジムは「空間での体の位置関係の学習」「視覚に頼らないボディイメージの獲得」「体幹筋の強化」などができる優れた遊具なのである。

三　教室環境を整える

教室では、どのようなことに注意する必要があるだろうか。

教室の机の通路側の横に手提げなどの物をかけていないだろうか。それでは通路を通る際に引っかかって転ぶ可能性がある。手提げに何も入っていない場合は椅子の後ろにかぶせたり、ロッカーにしまったりしておくようにする。図書の本などのものが入っている場合は通路とは反対側にかけておくようにする。

また、教室後ろのロッカーから、体操服入れの紐や鍵盤ハーモニカがはみ出していないだろうか。これも教室の後ろを通る際に転ぶ原因になる。体操服やシューズ入れは紐のついている方を奥に向けて入れるように指導する。鍵盤ハーモニカはクラスでまとめ、棚の上に、出席番号順や席順で置いておくと使用する時にさっと取りにいくことができる。

ノートやドリルを持ってこさせる時の動線も教師が決めておくことが大事である。

私の教室では、一号車（一ブロック）と二号車の間の通路を通ってノートを出し、自分の机に帰る時は三号車と四号車の間の通路を通るように指導している。一方通行になるようにすると、児童同士がぶつからない。

給食の配膳と返却も一方通行になるようにしている。配膳は四号車の一番後ろから前に置くようにしている。四号車の次は三号車、二号車、一号車と置いていく。返却は三号車と四号車の通路を通って、配膳と逆に返すようにしている。ジャムや麺類の袋などのゴミがある時は事前にスーパーのビニール袋を回して回収しておく。

このように、ぶつからない配慮をしておくのも必要なことである。

すぐに怪我をするのは、本人の努力の問題ではないことを意識して、必要な配慮を考えていくことが大切である。本人の自尊感情を何よりも大切にしていきたい。

脳から考える

11 教師の服装が特別支援の子どもをできなくしている

絶対NG指導

▼スリッパなど音が出る靴で授業を行う。

▼黄色の服を着る。

一 聴覚への過敏をもつ子ども達

よく学校で、スリッパを履いて授業をする教員を見かける。かかとがないため、歩く度にパカパカと音がしている。

そのような音が特別支援の子ども達をどれだけ苦しめているのだろうか。

これも、これまで何度も出てきている「感覚過敏」というキーワードが関係している。東京大学の下山晴彦氏らが発表したレビュー論文「感覚過敏に困り感を持つ発達障害児・者への支援の現状と課題」では、次のように述べられている。

> 発達障害児・者の九五％は、知的能力に関わらず聴覚過敏、触覚過敏、偏食のいずれかを持つ。Bromley et al. (2004)も、調査対象であるＡＳＤ児の七一％に聴覚過敏、五二％に触覚過敏、四一％に嗅覚過敏があると報告している。

このように、聴覚への過敏をもつ子どもは非常に多い。

そのような子どもがスリッパの音を聞いたらどうだろうか。きっと授業に集中することが難しいだろう。教師の服装が子どもをできなくしているのである。

教師の靴は、スニーカーやランニングシューズなどがよい。なるべく音が出ない物を選ぶようにする。

また、衝動性・多動性がある子どもが学級に在籍している場合、機敏に動くことが必要になる場合もある。スリッパと比べて、シューズの方がさっと動くことができる。

オススメはランニングシューズである。靴の中でも非常に軽く、歩く足音も聞こえないし、長時間立っていても足が疲れにくい。

二　自閉スペクトラム症の子どもが不快に感じる色

京都大学が二〇一六年一二月二六日に発表した研究（正高信男〔霊長類研究所教授〕、マリン・グランドジョージ〔レンヌ第一大学講師〕らのチームによる）では、次のことが分かっている。

> 青、赤、緑、黄、茶、ピンクの六色の好感度を調査した結果、ＡＳＤ児では、黄色が苦手で緑色を好む傾向がある。

このように、自閉スペクトラム症の子どもには、特有な色彩感覚もあることが分かっている。このことから黄色の服を避けるなどの配慮も必要であろう。

また、この発表では、次のことも書かれている。

> 街頭の広告や看板には目を引く（刺激の強い）色が使われている例が多く、ＡＳＤ児にとっては苦痛な場合も多いと考えられます。生活環境を整えるうえで彩の面も配慮する必要があることを示唆する研究結果です。

教室環境などでも、黄色を避けるなどの工夫が必要となる。

もちろん、これは全ての自閉スペクトラム症の子どもに当てはまるかどうかは分からない。

ただ、そのような傾向をもつ子どもも多いということは把握しておくべきだ。

三 服の生地やアクセサリーにも気を付ける

感覚過敏の子どもの中には、触覚にも過敏をもつ子どももいる。

> セーターや衣類のタグなどのチクチクした感触など、特定の触感が耐えられないほど苦手である子どもも存在する。

他にも、ゴムなどの締め付けられるような感じが嫌いな子など、様々な感覚の子どもが存在する。

そのような子どもの中には、嫌いなタイプの服を見るのさえ嫌だという子もいる。服装に対してそのような様子が見られる場合、対処が必要なときもある。

また、自閉スペクトラム症の子どもの中にはキラキラしたものが好きである子も多く、水道の蛇口をひねって流れ出てくる水をじーっと見るくらい好きな子もいる。

女性の先生でピアスやイヤリング、ネックレスなどを着けている先生もいる。その場合、キラキラしていて揺れるものだと学習よりもそちらに目がいってしまう場合がある。

教師の服装はシンプルなものの方がよい。

四　教具などが見えなくなる可能性

教室で百玉そろばんを使用する時に気をつけるべきポイントがある。

百玉そろばんは赤色と黄色の玉で構成されている。百玉そろばんを操作する際、百玉そろばんの脇に立って操作をすることが多いが、一〇の合成など、百玉そろばんの後ろ側に立って操作することがある。そのような時、派手な色の服を着ていると、そろばんの玉がよく見えない。そのため、

黒・灰色・白などのシンプルな色

の服がよい。百玉そろばんの後ろに立った時に、そろばんの玉を強調できるような服の色だと、子ども達にとっては数の認識がしやすい。

このように、教具などに合わせた服装も考える必要がある。

教師の服装一つで、子どもの学習への取り組みやすさが変わるのである。

給食指導

12 絶対にやってはいけない給食指導

絶対NG指導

▼減らさせない、残させない、時間が過ぎても食べさせる。

一 過剰な完食指導はNG

学校給食は、小中学生の楽しみの一つである。

中には「給食を残してはいけません」と先生に言われ、給食時間が終わった後も居残りをさせられた経験をもつ人がいる。これを「過剰な」完食指導という。

完食指導が過剰になりすぎて、体調を崩したり不登校になったりする事例も増えている。さらに、それが原因で人とご飯を食べることができない「会食恐怖症」という精神疾患になるケースもある。

とある県では裁判沙汰になっている事例も報告されている。

「給食時間が過ぎても最後まで食べさせるという過剰な完食指導は、もはや体罰と同じ」と言っても過言ではない。

学校現場では、教員自身が小中学校の頃、完食が普通だったという経験から、今も過剰な完食指導が横行しがちである。

二 特別支援が必要な子どもに偏食が多いのはなぜか

特別支援が必要な子どもの中には、偏食の子が多い。それはなぜだろうか。本書でも度々登場している「感覚過敏」がそのキーワードとなる。

自閉スペクトラム症の子どもの多くは、感覚異常をもっている。研究によって異なるが、多いものでは九六パーセント以上という結果が出たものもある。この感覚異常が起こることによって、偏食になっているのである。

例えば、次のような子どもが存在する。ＮＨＫニュース「おはよう日本　けさのクローズアップ」（二〇一七年四月五日放送）より紹介する。

イチゴを見ると気持ち悪さや怖さを感じる。
イチゴの表面にあるいくつものつぶつぶが目に飛び込んでくる。

他にも、次のような子どももいる。

コロッケのサクサクした食感の衣が、口の中で針をさされているように感じられ、「痛くて食べられない」。

この他にも次のような子どももいる。

他の人が食べ物をかむ音が耳に響いて我慢できない。

音や匂いについても同様に感覚過敏が原因となって、食べることができない子どもも存在するのである。そのような子どもがどれだけ存在するのかを調査した研究もある。田部絢子氏、高橋智氏による研究「発達障害児の『食の困難』の実態と支援の課題」（二〇一八年）によると、以下の内容の結果が報道されている。

発達障害等の特別な配慮を要する児童生徒のうち、食に関する注意の必要な児童生徒が在籍しているのは六〇・七パーセントで、その内、極端な偏食のある児童生徒は一〇パーセント存在していた。

このように、感覚過敏により偏食となっている子どもが存在しているのである。

このような子どもに、完食を強要するとどうなるだろうか。

前述のＮＨＫニュース「おはよう日本　けさのクローズアップ」では、このように感覚過敏をもつ子どもに完食指導を強要した結果の例が紹介されている。

保育園や小学校の給食の時間、食事がほとんど食べられず、昼休みの一人だけ教室に残され、泣いていたといいます。「食べれない」と主張しても、「わがまま」だと聞いてもらえず、人前で食べることが次第に怖くなりました。

「先生が（偏食は）おかしいと決めつけて、無理矢理食べさせてくるのがつらかった。怖かった、また同じことをさせられるんじゃないかと、トラウマがよみがえってくる。」

この子は、高校生になった今もトラウマに悩まされている。

三　学校現場での対応

この偏食の問題に正面から取り組んでいる場所もある。

広島市西部こども療育センター食育研究会では、子どもの食事の観察と記録を行い、どのような食材・メニューを好んでいるのか、食事の現場での困り感なども記録し、子どもの偏食の傾向を把握している。

加えて、好みの感覚・偏食傾向のチェックリストを作成し、一人一人の感覚に合わせた食事を提供している。

ただ、このような方法は普通の学校給食では難しい。では、どうすればよいのか？

自分が食べられる量に自分で調整する。

のである。まず、等分に給食は配膳する。次に、

> 勉強ができる・できない、運動ができる・できない、等、人それぞれ、個人差があります。給食を食べられる量も個人差があります。だから、「いただきます」の後は、自分が「ごちそうさま」までの間に食べられる量に調整するために減らしても構いません。

と趣意説明をすると、自分の食べられる量に調整するようになる。こうすることで、その子に応じた給食指導となるのである。

時間が来た場合は、もうそこまでで残させるようにする。

無理に完食を強いないことが大切である。

教室環境

13 子どもを不幸にする教室環境～におい・掲示物～

絶対ＮＧ指導

▼教室や自分のにおいに鈍感。
▼前面に掲示物が貼ってある。
▼机や椅子の音が出るようになっている。

一　教室にはあらゆるにおいが立ち込めている

東京大学の下山晴彦氏らによるレビュー論文「感覚過敏に困り感を持つ発達障害児・者への支援の現状と課題」によると、嗅覚の過敏について、次のように述べている。

> 発達障害者の約一五パーセントが「化粧品のにおいがとても苦手」、「焦げ臭いにおいにとても敏感」という項目に該当した。特定のにおいの物を嫌う嗅覚過敏は、特に幼児によく見られ、苦手なにおいには、体育館や体育用具室、接着剤や絵の具などの図工用品、給食のにおいなどもあり、生活の様々な場面で不具合が生じていることが窺える。
> 　また、場面を選ばず自分が噛んだ袖についた唾液、脇の下、陰部のにおいなどを嗅ぐなど、社会的に不適切な行為に繋がる場合もある。

このように、特別支援が必要な子どもの中には特定の臭いに敏感で、その臭いがあると学習に集中することが難しくなる場合もある。

教室にはあらゆるにおいが立ち込める。給食のにおい、子どもの衣服からの柔軟剤のにおい、汗をかいた時のにおい、雨のにおいなどである。トイレのそばのクラスになると、トイレの嫌なにおいも教室で感じる場合もある。

そのような状況では、子ども達は学習に集中することができない。そこで、

消臭剤やアロマ

があるとよい。

消臭剤は、無香のものがよい。なおラベンダーは、疲れたり乱れたりしている心を洗い流し、落ち着きを静かに取り戻してくれる、清潔感のある香りであるので苦手な子どもがいない場合にはとてもよい。

> 子どもは大人に比べて抵抗力が弱いです。大人以上に、臭いにも敏感です。あまりに香りが強すぎるとリラックスがストレスになり逆効果になります。10分の1くらいが適量です。多くても大人が使用する半分よりも多くならないようにしましょう。
> （村野聡・千葉雄二・久野歩『イラスト版 通常学級での特別支援教育』学芸みらい社、二二〇頁）

このように、臭いに気を付けることも、特別支援が必要な子どもを担任する上では必要である。

二 教室前面の掲示は極力少なく

自閉スペクトラム症の子どもは、見え方が違っていることも報告されている。二〇一五年にアメリカのカリフォルニア工科大学が発表した研究によると、

世界は自閉症の人とそうではない人とでかなり違って見えていて、それが周囲との関わり方に影響している。これは、広い範囲の視覚入力において、自閉症スペクトラム障害を抱える人の脳内では解釈のされ方が違うためであるという。

具体例で考えてみる。

このカリフォルニア工科大学の研究では、下のような写真を、自閉スペクトラム症とそうではない人に見せて、どこを見るのかを比較している。

自閉スペクトラム症の人は、前面にいる母子象より、木や空に多くの注意を払っているという。つまり、普段、人は必要な情報とそうでない情報を自動的に取捨選択しているが、自閉スペクトラム症の子どもは、どの情報も同じ感度で捉えてしまい、取捨選択することができていないのである。

このことを教室で考えてみる。

教室では、前面に掲示があると、前にいる教師や黒板よりも、そちらの方を見てしまう可能性もある。そのため、教室の前面の掲示はできるだけ少ない方がよい。

目からの刺激が多すぎると、授業に集中できなかったり、他のことを考えたりしてしまう。

障害のある子にとって、黒板周りの前面掲示は、邪魔でしかない。なぜなら、障害のある子は、情報の選択ができにくいからである。多くの刺激の中から、必要な情報を取り出すことが苦手なのである。

そのような子にとって、黒板周りに貼ってある派手な掲示物は、学習を邪魔する刺激でしかない。また、衝動性が強い子にとっては、一度そのことが気になってしまうと、学習内容に集中できなくなる。

それなのに、未だに、黒板の周りに派手な掲示物をかざってある教室が多い。

（小野隆行『喧嘩・荒れ とっておきの学級トラブル対処法』学芸みらい社、一五六頁）


また、教師の机が教室前面にある場合、机上も気をつけたいポイントである。綺麗に整理整頓されていると低刺激であるが、宿題の山、プリントの山などがそのまま残っている場合は、黒板よりもそちらに目がいってしまう子どももいることを念頭に置いておきたい。

三　音が出る教室環境

音が出る教室環境も発達障害をもつ子どもにとっては、好ましくない環境である。

例えば、机や椅子の脚にテニスボールを付けるなどして、音が出ないようにする配慮も大切である。絨毯を引くなどして音が出ないようにするのも、有効である。

トラブル処理

14 絶対にしてはいけないトラブル処理

絶対ＮＧ指導

- 家の責任にし、家で指導してもらう。
- 大きな声で怒鳴る。
- 気分で言うことが変わる。
- 小言や暴言を繰り返す。

一　学校で起きたことは、学校で解決させる

友達同士のトラブルは避けては通れない道である。教師が対応を間違えると、子どもも保護者も納得しない。

私の新卒時代のこと。当時、担任をしていた小学二年生のクラスで、子ども同士がもめていた。双方から話を聞く余裕がなく、子どもを帰してしまった。すると保護者から一本の電話がかかってきた。

「家に帰ってきてから、うちの子どもが泣いているんです」

子どもの話をしっかりと聞けなかったがために起こったトラブルだった。

その際、先輩の先生に教わったのが、

子どもが納得してから家に帰す。

ということだ。学校で解決しないままにすると、学校で話したことと家で話したことが食い違って、トラブルがこじれることがある。

きっちりと学校で解決させてから、子どもたちを家に帰すことが大切である。加えて、

親や家の責任にしないこと。

が大切である。特に特別支援が必要な子どものこだわりや行動には全て意味がある。決して、子育ての問題ではない。そのことを理解して、あらかじめ手を打たなかった教師が悪いのである。

一般企業において、その管理下で事故が起きた場合、その責任は当事者やその家族にあるというだろうか。多くの場合、責任はその企業にあるとされるだろう。学校も同じである。

二　ガツンと大きな声で叱る指導はNG

大きな声で怒鳴っても、特別支援が必要な子どもは変わらない。それどころかむしろ二次障害に繋がる可能性もある。発達障害をもつ龍馬くんは次のように言っている。

突然大声で怒鳴られる。自分が悪いことをしていると分かっているときは「やばい」と思うから怒られてもしょうがないと思うけど、自分のことではなくて、クラス全員や学年全体のときに怒鳴られると、「なんでどなられたのか?」と分からなくなる。

(『発達障がい児　本人の訴え　I』、四五頁)

本人が怒られていない時でも、特別支援が必要な子どもに大きな影響を与えるのである。

三　言うことが気分で変わる

加藤俊徳『発達障害の子どもを伸ばす 脳番地トレーニング』に、「やってはいけない接し方３か条」が書かれている。

> 第１条　気分で言うことが変わる
> 第２条　イライラ声で小言や暴言を繰り返す
> 第３条　脳番地にブレーキをかける接し方はしない
> （『発達障害の子どもを伸ばす 脳番地トレーニング』秀和システム、一一二〜一一三頁）

脳の思考や運動を司るエリアを大きく八つに分けたものを「脳番地」と呼んでいる。発達障害の子ども達の多くは、海馬という記憶系脳番地に発達の遅れがある。そのため、大人の気分で言うことが変わると、「あの時は叱られなかったのに、今日は叱られた」というように、一貫しない指示や声かけが、守るべきルールが記憶として定着するのを妨げてしまう。

ルールが一定しない場面は、もともと臨機応変な対応を苦手とする発達障害の子どもにとって、分かりにくい環境である。加えて言うことがコロコロ変わると、余計に記憶系脳番地にルールを定着させることができないのだ。

四　イライラ声で小言や暴言を繰り返す

発達障害の子どもは、記憶系脳番地の次に、感情系脳番地が未熟である。相手の気持ちに共感したり、相手の考えを察したり、自分の感情をコントロールすることが苦手だ。

感情系が弱い子どもにイライラをぶつけるように話しても、「何をそんなにイライラしているの」と、ケロッとされてしまうこともある。

声を荒げれば荒げるほど、子どもの脳番地には届かず、理解されることはないのだ。

五　脳番地にブレーキをかける話し方はしない

次のような接し方をすると、子どもの脳番地にブレーキをかけてしまうことがある。

聴覚系脳番地：ガミガミ声
視覚系脳番地：面倒くさがる
理解系脳番地：すぐ言い返す
運動系脳番地：手をあげる
思考系脳番地：頭ごなしに叱る
伝達系脳番地：無視する
記憶系脳番地：気分で言うことが変わる
感情系脳番地：小言や暴言を繰り返す

子どもの脳番地に届くようにして話しかけていくことが大切である。

校内システム

15 トラブルを未然に防ぐには原則がある

絶対ＮＧ指導

▼トラブルを特別支援が必要な子の問題と考える。
▼個別の指導ばかりを行う。
▼対処療法的な対応。

一 問題は特別支援が必要な子どもなのか

特別支援が必要な子どもが学級にいる場合、担任は二つの対応を求められる。

文部科学省の国立教育政策研究所が出している「生徒指導リーフ　発達障害と生徒指導　Ｌｅａｆ．３」より紹介する。

> ①「個別支援（個別指導）」に基づく対応
> 「つまづきやすい」児童生徒に対して、個に即した助言や支援を行う、取り出し授業や補習授業を行う等。
> ②「集団指導」に基づく対応
> 「つまづきやすい」児童生徒だけでなく、全ての児童生徒が互いの特性等を理解し合い、助け合って共に伸びていこうとする集団づくりを進める、分かりやすい授業づくりを進める等。

つまり、特別支援が必要な子どもだけを指導していくのでは不十分であるということである。

さらに、このリーフレットには、次のように記述されている。


発達障害に限らず、問題等を抱えている児童生徒の多くは、ほかの児童生徒と比べて「つまずきやすい」だけであり、そもそも授業や行事の展開自体の方に問題があるという場合も見られます。つまり、「困難」を感じていない児童生徒にとっても「つまずきかねない」授業や行事になっていないかを見直すことが、今、求められていると言えるでしょう。


発達障害など、特別な支援が必要な子どもに問題があるのではなく、授業や行事の展開自体の方に問題があるのではないかという視点で考えていくことが求められているのである。

特別支援が必要な子どもの「つまずき」は、どの子もつまずく可能性のある授業や行事の展開を教えてくれているだけなのだと考えることが大切である。

そしてこのリーフレットでは、生徒指導に対する対応の例として、「授業」という言葉が使われている。トラブルを未然に防ぐ一番の方法は、「どの子もできるようになる授業」や「どの子も分かる授業」であることを教えてくれている。

二　個別の指導ばかりに目が行っていないか

個ばかりに目が行ってしまい、全体の指導ができていないことがある。

そのような場合にはモグラたたきのようになってしまい、トラブルが減るどころか、逆にトラブルが増えてしまうこともある。

前述のリーフレットには、次のように記載されている。

> 集団を高めることを意識して行う集団指導と、個を高めることを意識して行う個別支援との間には、車の両輪のような関係があります。どちらか一方に偏ることなく状況に応じバランスよく行うことが大切です。

集団への指導には、例えば生活ルールを明確にしたり、落ち着いて過ごせる教室環境を整備したりするなどのことがある。違いを認め合う場を重視するなどの指導も大切である。

個別支援には、「困難」を感じている児童生徒の背景を理解することなどが必要である。

この集団指導と個別指導をバランスよく使い分けていくことが大切である。

三　消極的生徒指導と積極的生徒指導

生徒指導には二つの指導がある。消極的生徒指導と積極的生徒指導である。

消極的生徒指導とは、問題行動等が起こった時の対応や事後指導、相談といった生徒指導のことであり、「治療的・対症療法的な生徒指導」とも言われる。

一方、積極的生徒指導とは、問題行動等の未然防止に向けた予防的な指導や相談、児童生徒の成長を促す生徒指導のことをいい、「開発的・予防的な生徒指導」とも言われるものである。

言うまでもなく、生徒指導は単なる問題行動等への対応という消極的な生徒指導だけにとどまるものではなく、積極的な生徒指導を推進しなければならない。

しかし教育現場では問題対応に追われることが多く、生徒指導と言えば事後対応、事後処理というイメージがある。

逆に、海外の学校ではどうだろうか。

アメリカの多くの学校では、ＰＢＩＳ（Positive Behavioral Interventions and Supports：ポジティブな行動的介入と支援）という考え方を元に指導が行われていることが多い。

問題を起こす子どもだけを見るのではなく、全ての子どもを対象として行われる取り組みであり、特に着目すべきは、大きなトラブルを起こさないが、起こす可能性をもっている子どもへの指導である。日本にはこのような考え方はまだ定着していない。

具体的には、期待される行動を一つずつきちんと教えていく指導で、廊下ではどう過ごすのか、授業中にはどう過ごすのか、休み時間にはどう過ごすのか、運動場ではどう過ごすのかなどを一つずつきちんと教えていく。また、友達と意見が違った時にはどうするのかといったことなどもきちんと教えている。日本では、多くの場合、期待される行動を教えていない。暗黙の了解で、その場はどうすべきなのかを理解させようとしている。

特別支援が必要な子どもには、この暗黙の了解を理解しにくい子どももいる。そのためにトラブルが起こるのである。

四 「教えて褒める」「褒める機会を増やす」校内システムを創る

それでは、トラブルを未然に防ぐにはどのような方法があるか。

私は生徒指導担当だった時、週一回三分程の映像を流す校内放送で、「子どもの良い所（事実）」を写真に撮って紹介した。また、校内でよく頑張っている児童を見つけたら校長に伝え、それをミニ賞状として、クラス・学年で表彰する機会を作った。このように期待される行動を教えて褒めていくシステムが、トラブルを未然に防ぐためには絶対に必要である。

禁止・否定

16 「～してはいけません」では解決できない

絶対NG指導　▼「～してはいけません」と禁止するだけ。

一　なぜ、禁止だけではいけないのか

「廊下を走ってはいけません」「○○をしてはいけません」と、禁止されることがよくある。しかしその指導だけでは、特別支援が必要な子どもはなかなか従わないことがある。それは、なぜだろうか。

川崎市教育委員会が出しているパンフレット「自閉症の子どもの理解とよりよい支援を目指して」には、次のように記載されている。

・過去の経験から、自分が怒られたり、他人が怒られたりする場面が苦手で、不安になる子どもが多いです。
・複数の事柄を同時に処理することが苦手です。何に怒られているか理解できなかったり、「悪いこ

とをしたから○○できません」と言われると、語尾のみ理解し、ずっとできなくなると思って不安になったりすることもあります。

・自閉症の子どもたちはとっても真面目です。指示がわかりやすければ、素直に従います。

言葉かけは冷静に、穏やかな表情で、具体的に正しい行動の指示を

つまり「～してはいけません」という禁止の言葉だけでは、何をすればよいのか具体的に分からないため、指示に従うことができないのである。

例えば、「廊下を走ってはいけません」という言い方には、「廊下は歩く」という意味が隠されている。しかし自閉スペクトラム症の子どもには、この暗黙の意味が理解できない子も多い。そのため、指示に従うことができないのである。

「廊下は歩きます」

と、正しい行動を教えることが大切なのである。また、「できないと外に行けないよ」などの禁止の言葉は、「外に行けない」という言葉だけを捉えてしまい、パニックになることもある。

「これができたら外に行こうね」

などのように、肯定的に伝えることが大切である。

二　望ましくない行動を逆に強化していないか

注意をすることで、逆に望ましくない行動を強化している場合もある。このような学習は「誤学習」と呼ばれている。

前述の川崎市教育委員会のパンフレットには、次のようにある。

・人との関わり方が苦手なので、間違ったコミュニケーションの取り方を覚えてしまうケースがあります。
・例えば「ぶつ」「ひっかく」「つねる」「机を倒す」などの望ましくない行動を教員が注意・指導すると、「ごめんなさい」を言った後、またすぐに繰り返したり、ケラケラ笑ってかえって喜んだりする、これが「誤学習」の結果です。
・「机を倒す」などの行動をきっかけに、思いが叶ったり、相手（教員など）の決まった同じ反応があったりすると、また同じ行動を繰り返してしまう（強化）子どもがいます。

つまり、望ましくない行動に教員が強く反応することで快感を覚えてしまい、逆にその行動が強化されてしまうのである。

状況や子どもの実態を見て、対応を考えていくことが大切である。

三　よく伝わらない言葉を使ってはいないか

自閉スペクトラム症の子どもの中には、言葉を文字通りに理解してしまう子どもがいる。そのような子どもに、例えば、次のような言葉を使ったらどうなるだろうか。

（授業中教室から出て行く子に）「飛び出してはだめ！」

例えば「飛び出してはだめ！」だと、「トイレに行きたい時も、出てはだめなのだ」や「一生、教室から出たらいけない」などと考えてしまう可能性がある。

「○○へ行きますと言ってから行きましょう」

などの言葉に代えることが必要である。

（姿勢が悪い子どもに）「ちゃんと座りなさい」

この指示も、自閉スペクトラム症の子どもが混乱することが考えられる。「ちゃんと」が具体的にどうすればよいのか分からないのである。例えば、次のような指示に代えることが必要である。

「手を膝に置きましょう」

このように、肯定的・具体的にやるべき行動を話すことが大切なのである。これらのことは、絵カードなどでも、同じである。否定的な絵カードだけでは、子どもは従わない。どうすればよいのか具体的な行動を教え、褒めていくことでしか、子どもは指示に従うようにはならないのである。

CCQ

17 全体を怒鳴る指導は、関係のない子どもまで壊す

絶対ＮＧ指導 ▼全体の前で怒鳴る。

一 怒鳴る指導は、関係のない子どもの脳も壊す

学校行事で学校や学年で集まる時がある。そこで子どもがよくない行動をとった時、すぐに怒鳴る教師がいる。

このような指導を、発達障害をもつ子どもはどう見ているのだろうか。

『発達障がい児　本人の訴え　Ⅰ』から紹介する。

> まわりの様子が分からないので、突然怒られると「なんで急に大声出したの？」と分からなくなる。自分の事じゃないのにいやになる。グダーッとなってしまう。（四五頁）

> なぜ先生は怒っているのかということをできるだけ速く伝える必要がある。混乱して集中できなくなる。（四五頁）

怒鳴ることで、発達障害をもつ子どもはパニックになることが分かる。

しかも、怒鳴る指導の問題はそれだけではない。

子ども時代にDVを目撃して育った人は、脳の後頭葉にある「視覚野」の一部で、単語の認知や、夢を見ることに関係している「舌状回《ぜつじょうかい》」という部分の容積が、正常な脳と比べ、平均しておよそ六％小さくなっているという結果が出ました。

その萎縮率を見てみると、身体的なDVを目撃した場合は約三％でしたが、言葉によるDVの場合、二〇％も小さくなっており、実に六～七倍もの影響を示していたのです。つまり、身体的な暴力を目撃した場合よりも、罵倒や脅しなど、言葉による暴力を見聞きしたときのほうが、脳へのダメージが大きかったということです。

（友田明美『子どもの脳を傷つける親たち』NHK出版新書、六三頁）

同書には、著者がハーバード大学と共同で行った研究の結果が記されている。怒鳴る指導は、身体的な暴力よりも、子どもの脳を壊している可能性がある。

二　トラウマが残る可能性

「トラウマ」という言葉がある。衝撃的な事件を経験した場合、それがつらい記憶の痕跡となることを指す。そのつらい記憶がついさっき起きたことのように鮮明に思い浮かぶ様子をフラッシュバックという。

自閉スペクトラム症の人の記憶は、これらの記憶に似ていると指摘する研究者もいる。

ただ、違うのは、通常の人の場合、トラウマが恐怖や感動など強い感情を伴っていたり、人生上の大きな出来事として位置づけられているが、自閉スペクトラム症の人の場合、次のような特徴があるとされていることだ。

> 自閉症者の場合、なぜ特別な意味づけがなされていなくても強く記憶に刻みつけられるのかというと、そこには感覚過敏という特性が働いているからである。強い感覚印象は本人の意思とは関係なく強く残り、いつでもどこでもよみがえってくる。だから、自閉症の当人も、実は、このことに戸惑っていることが多いのである。
> （熊谷高幸『自閉症と感覚過敏』新曜社、五六頁）

このように、発達障害をもつ子どもの場合、トラウマとなって残る可能性が高く、フラッシュバックを起こすことも多い。その一時だけのことでなく、子どもを一生苦しめる結果になることもあるのである。

教師は怒鳴らなくてもすむ方法を考えていくべきである。

三　怒鳴らなくてもすむ方法を身に付ける

例えば、授業中、子どもが関係のない話をしていたとする。そこで、どのような対応が思いつくだろうか？

> ・「今、しゃべっていた人は立ちなさい」
> ・「次、関係のないお話をしていた人は立ってもらいます」
> ・「全員起立。一回読んだら座りましょう」
> ・話をしていない周りの子を褒める
> ・その子の近くにスッと近寄る

等々、怒鳴る前に様々な手段が考えられる。

このような指導の引き出しをたくさんもっておくことが必要である。

四　指示のコツ

発達障害をもつ子どもに指示をする場合、怒鳴るよりも効果的な方法がある。それは、ＣＣＱと呼ばれる方法である。

Ｃ……Ｃａｌｍ（穏やかに）
Ｃ……Ｃｌｏｓｅ（近くで）
Ｑ……Ｑｕｉｅｔ（静かに）

つまり、

穏やかに、子どもに近づいて、静かな声で指示を出す。

のである。同じ言葉を繰り返すのもポイントである。同じ意味でも、言葉が変わると同じ指示だと捉えられない子どももいるのである。

怒鳴るのではなく、穏やかに、子どもに近づいて、静かな声で指示を出すことが、発達障害をもつ子どもにも、他の子にも大切なことなのである。

第2章 〈国語〉編

1 音読が苦手な子どもへの指導

絶対NG指導
▼宿題を中心に練習を進める。
▼教科書教材を機械的に音読練習させる。

一 授業の中で音読練習する時間を確保する

音読が苦手という現象には、いくつかの原因が考えられる。「漢字が読めない」「視知覚の問題がある」「知的な問題」「発達障害の問題」「学習経験の未定着」など様々である。

宿題を中心に行うということは、これらの課題に、家庭学習の宿題で対処しようとすることになる。あまりにも無謀な取り組みであることは明らかである。

もちろん、保護者が専門的な知識と技量のある方で、これらの原因に正しく対処できる人であれば可能かもしれないが、そもそもそのようなケースは皆無だろう。

もちろん宿題に出してはいけないということではない。右のような原因に対応し、そのための練習方法を示し、その上で家庭での練習を行うのであれば問題ない。

しかし、学校での指導なしに、家庭での宿題を中心に進めるというのは絶対にNGである。

だから、学校での指導が中心となる。

まず、授業の中で音読練習する時間を確保することが重要である。毎時間、三〜五分程度は確保したい。

その時に、個別指導を行う時間を同時に生み出す必要がある。

私の場合は、全体は個々の練習を進める時間をとり、その間に個別指導に入る。

学級のシステムとして、物語文でも説明文でも、題名の横に○を一〇個書かせる。それを一回読むごとに赤で塗らせるようにしている。自分の練習を進めれば、どんどん○が塗れることになる。三～五分程度なので、集中してとりくんでいる。

こうやって、個別に関わる時間を生み出すのである。特別支援学級であれば、最初から個別支援でやっていけばよい。

もちろん、新しい単元に入ったら、全体で「範読」→「追い読み」→「一文交代読み」→「一人読み」というようにステップをふんで指導していく。その後での個別支援の方法である。

二 原因ごとの対処法を知る

次に、それぞれの原因ごとの対処を述べる。

まず、漢字が読めない子。

こういうタイプの子の場合は、教師がルビをふってあげればよい。可能なら、お家の方に単元に入る前にお願いする。また、だんだんと自分でルビをふれるようにしていきたい。教師が範読する時に、可能な漢字にはルビをふるようにさせるとよい。そこで、残った読めない漢字には教師がルビをふっていく。

視知覚の問題であれば、様々な支援を考える。

例えば、「その行だけ蛍光色で見えるような教具を用いる」、「拡大したものを使う」、「教材を分かち書きにする」などである。その子の読みやすい状態を教師が探していく必要がある。

知的な遅れが感じられる場合は、音読の教材を変えることも考えてみる。その子が音読できるレベルまで戻って、教材を選ぶ。その際、保護者と本人との相談の上で行わなければならないのは言うまでもない。どんな良いことでも、教師が自分だけで判断して行うのはＮＧである。

次に、発達障害の問題。

特にＬＤ（学習障害）が疑われる場合は、音読の方法を変えたほうが良い。他の子ども達と同じ教材を用いて、同じような方法で練習させることは効果がないからだ。

少なくとも次の方法は考えたい。

①練習の読む量を減らす（まったく取り組めない場合は、一行か二行程度から始める）。
②漢字のルビ、区切り位置にスラッシュなどを必要に応じて書き込む。
③家でが難しいなら、学校で教師の元で行わせる。
④前に述べた必要な教具を試してみる。
⑤教材の変更も考える。

学習の未定着の問題とは、今までの経験上で、学習の方法や意欲づけの面で、学習する習慣が身についていないことを指す。

その場合は、学習の目標を決めてトークン（目標に対して良い行動をとったら、シールなどを使って賞賛する）を使うと効果的である。

三 教科書教材の多くは、読解教材である

一般的に教師は、次のことに全く意識がない。

> 教科書の教材の多くは、音読教材ではなく、読解教材である。

教科書教材は、音読教材ではないのだから、音読練習の教材としては適当ではない。これは、考えてみれば当たり前なのだが、教師のほとんどにそのような意識はない。

もちろん繰り返し読むことで利点はある。それは、内容の理解につながるということである。これは、読解のための学習であり、音読の力を伸ばすための学習ではないということである。

それにもかかわらず、音読カードなどで次のような項目があるのはおかしいだろう。「①すらすら読めた」「②正しく読めた」「③読めた時間」「④気持ちをこめて読めた」などの項目である。

①②③は音読学習の指標であり、④は朗読の指標である。そして、教材は読解のためのものである。これらをほとんどの教師が意識することなく、ただ機械的に宿題として与えている。この不自然さになぜ気づかないのだろうかと思う。

音読の力を伸ばすなら、音読のための教材を活用するのが一番効果的である。特に、音読が苦手な子や発達の問題を抱える子ども達にとっては必要不可欠のことである。

音読教材として、現在もっとも多くの教室で効果を上げているのは、「話す聞くスキル」(正進社)である。この「話す聞くスキル」は、グレード①から⑥まで徐々に難易度が上がっていく。しかも、リズムがよく読みやすく親しみやすい詩文や短文を多く扱っている。このような教材を使う必要がある。

2 読解の授業が道徳の授業になっていないか

絶対NG指導
▼「書き込み」「吹き出し」で気持ちに共感させるだけの授業。
▼「○○見つけ」「登場人物のお手紙を書こう」等、道徳的なまとめで終わる授業。

一 国語の授業は何を学ぶのか

国語の授業はそもそも何を学ぶのだろうか。学習指導要領には次のように記述されている。

> 言葉による見方・考え方を働かせ、言語活動を通して、国語で正確に理解し適切に表現する資質・能力を次のとおり育成することを目指す。

「言葉による見方・考え方を働かせ」るというのは、次のように規定されている。

> 言葉による見方・考え方を働かせるとは、児童が学習の中で、対象と言葉、言葉と言葉との関係を、言葉の意味、働き、使い方等に着目して捉えたり問い直したりして、言葉への自覚を高めることであると考えられる。

つまり、言葉にこだわり、文章を正確に理解し、表現することが求められているのである。登場人物の心情を考えさせることが国語の授業ではないことを理解しなくてはならない。

心情を考えるとしても、必要なのは、記述されている言葉を追うことである。そのことが混同されている授業を日本では見ることも多い。また、日本の国語では、読解や書くこと、話す・聞くなどの言語事項などの内容が混在している。これも、特別支援が必要な子どもが混乱する原因となっている。

二 アメリカの国語の授業

海外ではどうなのだろうか。アメリカの国語の授業は、細分化されている。

> 文章を読解するReading、言葉自体について学ぶLanguage Arts、書くことを学習するWritting、Spellingなどに分かれている。

そして、読解指導であるReadingでは、心情などを問われるのではなく、何人称の視点で物語が描かれているかなど、言葉にこだわった指導が行われている。

三 相手の気持ちに共感させるだけの授業は、子どもを苦しめる

「書き込み」という作業がある。教科書の文章を印刷し、子どもはそれに赤や青のサイドラインを引き、横に感じたことを書いていく指導だ。多くの場合、書き込んだことは「かわいそう」「がんばっているなあ」等の自分の感想である。自分が思いついたことを書くのは、読書指導である。言葉をもとにした文学指導

ではない。何の根拠もない、バラバラな発言で授業時間は終わる。

「吹き出し」というワークシートもよく使われる。例えば「お手紙」（二年生下。光村図書）には、「お手紙をもらった時のがまくんの気持ちを考えよう」とある。

しかし、特に特別支援の必要な子ども達は、相手の気持ちに共感することが難しい。「自分で考えたことを何でもよいから書き込む」ことや、「がまくん」という「他人の気持ち」を何の根拠もなく「想像すること」は、途方もなく困難である。「何を書いたらよいか分からない」と悩み、書けない自分はダメだと自己肯定感を下げて心を壊してしまいかねない。

学習指導要領国語編にも、次のように記述され、適切な配慮をすることが求められている。

> 自分の立場以外の視点で考えたり他者の感情を理解したりするのが困難な場合には、児童の日常的な生活経験に関する例文を示し、行動や会話文に気持ちが込められていることに気付かせたり、気持ちの移り変わりが分かる文章の中のキーワードを示したり、気持ちの変化を図や矢印などで視覚的に分かるように示してから言葉で表現させたりするなどの配慮をする。

四　「〇〇みつけ」では道徳の授業である

文章全体から「すごい」「なかよし」などを探していく「まるごと読み」という指導もある。

このような授業形態の場合、例えば「千年の釘にいどむ」（五年生。光村図書）という教材では、「すごいを見つけよう」という課題で授業が進む。

このような指導もまた、読書指導である。子どもの印象や感想のみに終始し、そこには何の根拠もない。子ども達が出してくる意見は、「白鷹さんは、努力を続けてすごい」「合う素材をいろいろ試してすごい」になる。時には、「釘がすごい」等もごちゃごちゃに出されて、授業は大混乱に陥る。困った教師は、「白鷹さんが努力を続けたのでこんなすごい釘ができたのですね。白鷹さんはすごいね」と、まとめて終わる。まさに道徳である。

五 言葉を根拠に考えさせる指導を行う

言葉を根拠にしなければ「何でもあり」になり、言葉にこだわる子どもに育つことはない。逆に言葉を根拠にすることで、特別支援が必要な子どもも、参加することができる。

例えば、光村図書一年生の教材「お手紙」では、次のように発問する。

> がまくんの気持ちが、一番大きく変わったのはどこですか。

「ああ」のところで、気持ちが変化していることが分かる。その後、子ども達に聞く。

> がまくんが幸せになったのはなぜですか。

言葉を根拠に考えることで登場人物の気持ちに迫ることが、国語の授業である。それが特別支援の子どもにも優しい授業に繋がっていく。

3 読解の授業での発問

絶対NG指導 ▼「どんな」という言葉を使った発問。

一 「どんな」という問いは答えようがない

「どんな気持ちでしょう」

「どんな感じですか」

「どんな様子ですか」

国語の授業でよく耳にする発問である。

例えば四年生で学習する「ごんぎつね」では、

「ごんを撃った時の兵十はどんな気持ちでしょう」


と、登場人物の「気持ち」を問う。子ども達は答える。

「いたずらぎつねをやっと撃てたと思ったと思います」

「ごんをとうとうやっつけたぞ、だと思います」

作品の中には、兵十の気持ちはどこにも書いていない。子ども達は単なる思いつきで答えるしかない。

答えは、読み手の判断に任される。どれも正解である。

授業の一時間で子ども達は何を学んだのか。
教師は子ども達にどんな力を身に付けさせたいのだろうか。
ある自閉スペクトラム症を抱える六年生は、次のように訴えている。

> 国語の授業で、「どんな感じですか?」「どんな様子ですか?」「どう思いますか?」という質問をされる。僕の頭の中は、意味が全く分からずチンプンカンプンになる。
> (『発達障がい児 本人の訴え Ⅰ』、二七頁)

特別支援の必要な子ども達は、他者の立場になって考えることが難しい。
九州大学の研究では、

> 自閉症者は他者情動の推測や自己情動の把握に際し、自他の関係性という視点を含めながら捉えることが困難であり、その結果として情動的コミュニケーション能力に質的な歪みが生じている可能性が示唆される。
> (菊池哲平「自閉症者における状況からの他者および自己感情推測」『九州大学心理学研究』第三巻、二〇〇二年、一一二頁)

という結果が出ている。

「ごんぎつね」で言えば、子ども達は「きつねを撃った経験」はない。それを何の手がかりもなく想像しろと言われても難しい。

では、どのような発問が望ましいと言えるだろうか。


かけよって行く時、兵十は何を考えましたか？

（向山洋一『子どもが論理的に考える！〝楽しい国語〟授業の法則』学芸みらい社、五四頁）


この発問であれば、子ども達は文章を根拠に読み取って、意見をもつことができる。このように文章を手がかりにした発問が、どの子にもやさしい発問なのである。特別支援の必要な子ども達だけなく、何の手がかりもない問いは大変考えにくいのである。

新学習指導要領では、第三・四学年「C読むこと」の内容に次のように書かれている。

C読むこと(1)イ　登場人物の行動や気持ちなどについて、叙述を基に捉えること。（傍線、筆者）
（文部科学省『小学校学習指導要領』平成二九年公示）

二　「どんな」という発問では学習が積み重ならない

「どんな」を中心とした発問で、答えのないことを聞く。

このような学習を繰り返していると、子ども達は「国語では答えがない」と思うようになる。納得のいかない授業で、結果として「国語は苦手」「国語はつまらない」ということになってしまう。

「どんな」という言葉で問う授業は、その物語のみに有効であり、納得もできず、何か力がついたという実感もない。学習が積み重なっていないのだ。

国語の学習の積み重なりが期待できる授業方法に「分析批評」がある。

書かれている文章を根拠として、分析のコードを与えて読み取っていく。分析のコードが無ければ印象批判や思いつきの分析になってしまう。「何となくそう思う」といった根拠のない一人よがりの発想になってしまいがちである。

分析のコードには、主に次のようなものがある。

①登場人物
②中心人物 ………………… 物語で一番大事な登場人物
③対役 ……………………… 中心人物の気持ちを変化させた登場人物
④クライマックス ………… 中心人物の気持ちがガラッと変わるところ
⑤主題 ……………………… 作者が物語を通して伝えたいこと

（前掲『子どもが論理的に考える！〝楽しい国語〟授業の法則』）

この他にも、「対比」「視点」「象徴」などの観点で、どの学年でも学習を展開することができる。

分析のコードは、文章を読む共通のものさしであり、他の教材でも応用可能である。

前の文章で学んだ力を使って次の文章を読み取っていくことができる。

国語の学習も、積み重なっていくべきである。

微細運動障害

4 「きれいに」「丁寧に」という指導は意味がない

絶対NG指導 ▼字を「きれいに書きなさい」「丁寧に書きなさい」。

一 なぜ「きれいに」「丁寧に」という指導に効果がないのか

微細運動障害を抱える児童は、字をマス目に入れたり、字形を整えることが難しい。手先の不器用さに加え、空間認知の能力に偏りが生じているためだ。そういった子ども達に、教室では十分な配慮がなされているだろうか。

教師からは、いつも次のような言葉が発せられる。

> 「字がマスからはみ出ている」「とめ、はね、はらいができていない」

これでは、一生懸命に書いた字を否定されることになる。書きたくても書けない事情があることを、教師側が知るべきである。発達障害である龍馬君は、次のように述べている。

> 「きれいに、丁寧に。」と言われるけど、何がきれいなのか、何が丁寧なのか、余計分かりません。
>
> (『発達障がい児 本人の訴え I』、三一頁)

特に、特別支援を要する子どもは、こういった対応を受けてパニックになるおそれもある。なぜなら、「分からない」というのは、「どうすればよいのかが分からない」ということだからである。

二 「きれいに」と「丁寧に」を分けて教える

「きれいに書く」や「丁寧に書く」という指導をしてはいけないということではない。

先ほどの龍馬君の言葉を見ると、次のことが分かる。

> 「きれいに書く」ことと「丁寧に書く」こととを一緒のことのように捉えている。

これはもちろん間違いであり、そのことをきちんと教えていない教師側に問題がある。

「きれいに書く」という意識は、硬筆や習字の時には必要である。字の形、運筆など、お手本と同じようにきれいに書くことが求められる学習である。

もちろん、最初からきれいに書くことはできないから、練習が必要なのだということを一緒に教えておく必要がある。

> きれいに書くというのは、練習を繰り返してできるようになっていくこと。

このような理解が必要である。

また、「丁寧に書く」ということを教えるのは、逆のことを考えさせると理解しやすい。

丁寧でないというのは、わざといい加減に書くことです。早く書くために、字の形を適当に書いたり、力を入れずに薄い字を書いたりすることです。

つまり、「きれいに」というのは結果であり、「丁寧に」というのは過程を示していることになる。そのことを理解させておけば、龍馬君の混乱は生まれなかった可能性がある。

三　きれいに書くための支援

子ども達にとって、「きれいに書けた」という体験が一番大切である。特に、きれいというのは感覚なので、自分で体感しなければ絶対に理解できない。

体感させるための支援は、なぞらせることである。そのためのもっとも簡単な支援は次の方法である。

赤鉛筆で薄く書いた字をなぞらせる。

これなら、いつでもどこでもできる。ポイントは薄く薄く書くこと。それから、できれば書いているところを見せてからなぞらせる方法をとりたい。そこで、

「トレースくん」（東京教育技術研究所　https://www.tiotoss.jp/products/detail.php?product_id=2946）

を活用する。専用のクリアファイルの中に学習テンプレートを入れて、それをホワイトボードマーカーで

なぞって学習する教具である。

この教材の良いところは、ホワイトボードマーカーが鉛筆より太いため書きやすく、手先が不器用な子でも使いやすいことである。

また、消しゴムと違ってすぐに消すことができるのも、こだわりがある子にとって非常に使いやすい。

このような教具で練習してから、鉛筆を使って練習するという学習ステップが理想的である。

とにかく、苦手意識をもっている子には、きれいに書けたという体感をさせることが大切である。

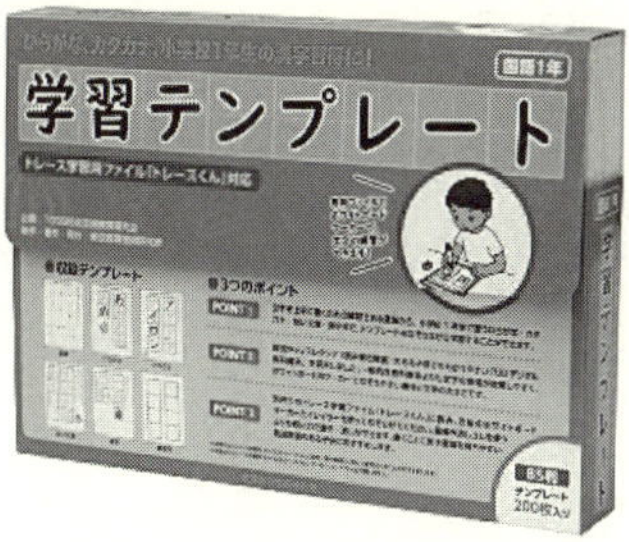

筆記用具

5　なぜ鉛筆で書く必要があるのか

絶対NG指導　▼シャーペンやボールペンを使うことを許す、見過ごす。

一　勉強ができる子の筆箱の中身はシンプル

キャラクターのついた派手な鉛筆、赤ペン、シャープペンシルなどが、子ども達の筆箱の中に入っていないだろうか。筆箱の中身は、

①鉛筆五本程度
②白い消しゴム
③一〇センチほどの定規
④赤鉛筆（赤ボールペンではなく）
⑤なまえペン

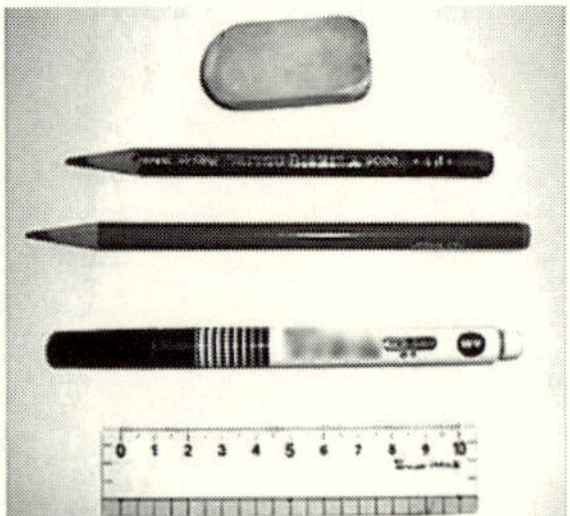

が良い。

鉛筆は濃いものの方が良く、消しゴムはキャラクターのものや、大きすぎるものではいけない。集中できる環境は、筆記用具から作るのである。

学習とは関係のない事に意識が向きやすい不注意傾向の子にとって、刺激の少ない学習用具を揃えることは、配慮事項の基本である。

二　脳科学から見た鉛筆の効果

脳が発達するためには、良い刺激が必要である。

学校でよく使う体の部分は「手」である。

「脳との関係が深いのは、『耳』『舌』『手』といった部分です」

（小野隆行『新学習指導要領に対応した特別支援教育で学校が変わる！』学芸みらい社、二九頁）

手と脳は密接に繋がっているのである。

下図はペンフィールドのホムンクルスとして知られる図である。大脳皮質の各部位と、人体各部の感覚との関係を表したもので、頭部以外では、手先の優位度の高さが分かる。

手を使って書いたり、道具を操作したりすることで、知識を得やすくなる。

これが「手で考える」という意味でもある。

正しい鉛筆の持ち方で、しっかりした筆圧で書けば、指先を通じて脳が刺激され、学習効果も上がる。

しかし、シャーペンには次のような問題点がある。

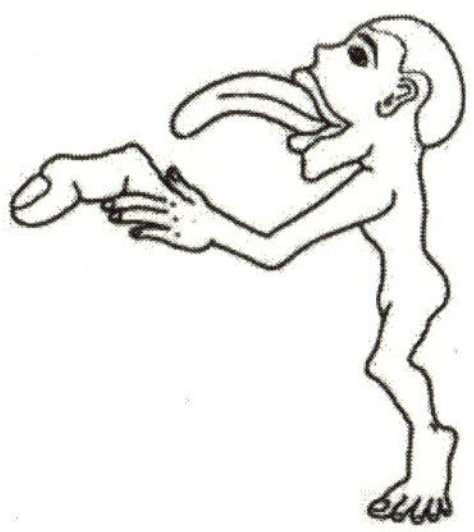

①力を入れるとすぐに芯が折れてしまい、そのたびに集中力が途切れる。
②持ち方が悪くなる。

鉛筆と持ち比べをしてみてほしい。鉛筆の持ち方でシャーペンを使うと薄い字になる。濃く書くことができないため、強く握り込むようになる。すると紙に対する角度も垂直に近くなる。手首が動かしにくくなり、きれいではっきりした文字を書くことができなくなるのである。

さらに、発達障害を有する子は書くことが苦手な場合が多い。中でも「発達性協調運動障害」を抱える子ども達は、軍手を二枚はめているような感覚だと言われている。

大分大学の研究では、

発達性協調運動障害の有病率は5〜11歳の年齢の子どもの6％に達すると見積もられている。
（古賀精治・澤田蘭・田中通義「発達性協調運動障害のある児童に対する運動指導の効果」『大分大学教育福祉科学部紀要』平成二〇年、一五七頁）

とされている。

発達性協調運動障害を抱える子どもは指先に力が入りにくく、細かな動きをして複雑な線を書くことは難しい。そのような感覚で、折れやすく薄い字になるシャープペンシルで書くと、余計に書きにくくなったり、力の調節が上手くできずに字が乱れるのは当然である。

手先に不器用さを抱える、特別な支援を要する子ほど、持ちやすく、しっかりとした字が書ける鉛筆を使わせるべきである。

鉛筆を正しく持って書くと次のようなメリットもあることを、鉛筆など文房具の研究開発を行っている会社「北星鉛筆」も次のように明確に示している。

・力まず使えるようになるので、鉛筆を使っていても疲れにくくなる。
・鉛筆の稼働域が広がり、「とめ」「はね」「はらい」がキレイに出来る。
・ペンだこが出来にくい。
・手のひらを下に向けることでわきが締まり、姿勢が正しくなる。
・頭で思った通りの線が引けるので、文字、絵が書きやすくなる。
・指先を使うので、手先が器用になる。
（http://www.kitaboshi.co.jp/howto/）

教師はこのような鉛筆の効果やその科学的な根拠を知り、児童・保護者にも伝えることで、鉛筆を使う意図を理解して学習に取り組めるように手を打っていく必要がある。

それと合わせて、鉛筆の持ち方や定規の使い方も何度も何度も授業の中で細かく確認していかなければならない。

漢字指導

6 漢字の「読み」と「書き」を同時に教える必要があるのか～人間の言語習得過程～

絶対NG指導

▼漢字の「読み」と「書き」を同時に教える。

一 なぜ「読み書き同習」は効果がないのか

「ノートに漢字を一ページ練習してきなさい」

漢字の宿題はこのような内容が多いのではないだろうか。子ども達は、ノートのマスを埋めることに必死になってしまう。

マスを埋めるのに必死な状態で、漢字の読みと書きを同時に習得できるだろうか。これは短期記憶・ワーキングメモリの弱い発達障害を抱える児童にとっては負担にしかならない。

「読み書き同習」の学習は一八八六年に始まった。この指導に対し、『漢字の常識』の著者である原田種成氏は、次のように述べている。

読み書きを並行して習得させようとしているから、読む力が伸びる時期に伸ばさず、むだな書き取りばかりやらせて、さっぱり能率があがっていないのである。

（『漢字の常識』三省堂）

「読み書き同習」が難しい理由は、「読むことと書くことは全くの別物」だからである。例えば「鬱」という漢字。「うつ」と読む。読める方は多いのではないかと思う。しかし書くとなると、書けない人も多いのではないだろうか。

読みと書きの学習を「脳の入力と出力の関係」で見てみる。

読み……「視覚入力」→「脳」→「音声での出力」

書き……「視覚入力」→「脳」→「書くことでの出力」

（小野隆行『発達障がいの子がいるから素晴らしいクラスができる！』学芸みらい社、一一九頁）

脳の働きで見てみると、読むことと書くことの明確な違いが分かる。さらに書く作業では、漢字の形を想起する力が必要である。想起するための作業には、次の四つがある。

①形を認識する。
②部品に分ける。
③一本一本の線に分解する。
④一本一本の線を再現する。

（同書、一二八頁）

人が文字をたくさん習得できる時期は六歳から一二歳の間であると言われている。
読み書きを並行して教えると、字形が想起できていない状態で、書くことを同時に教えてしまうことになる。結果的に、漢字の読みと書きが分からない状態になり、字の学習嫌いを生む原因になる可能性がある。

二 漢字の効果的な指導法

TOSS代表の向山洋一氏が提案された漢字指導のステップは次の四つである。

①指書き……初めて出てきた文字を、「筆順」を見ながら、机の上に指で練習させる。
②なぞり書き……指書きができるようになったら、「薄い文字」の上を鉛筆でなぞらせる。
③写し書き……なぞり書きをしたら、「白いマス」に書かせる。
④空書き……子ども達に指で空中に書かせる。
（『教え方のプロ・向山洋一全集35』明治図書出版）

微細運動障害を抱える児童の多くは、指先がうまく動かないことが多い。指先が上手く使えない状態で普段から漢字を書いていることになる。そこで「指書き」を繰り返し行うことが指導のポイントになる。
指書き指導には三つの原則がある。

【指書き三原則】
①指のはらをつける
②手に何も持たせない

③とめ、はね、はらいをきちんとさせる（小野隆行『新指導要領に対応した特別支援教育で学校が変わる！』学芸みらい社、二四頁）

指書きをしている子どもの中には、指のはらをつけていなかったり、とめやはね、はらいをしていなかったりする子もいる。教師は三つの原則を意識して指書きができているかどうか、子どもの状態をチェックしなければならない。
また指書きをしている時に、さらにポイントがある。

練習の時、画数を口で唱えさせる。（前掲『教え方のプロ・向山洋一全集35』、一九頁）

漢字は、指だけでなく口も同時に使うことで覚え、書けるようになっていく。

筆順

7 筆順にこだわる指導は文科省の意に反している

絶対NG指導 ▼一つの筆順を無理に押し付ける。

一 筆順とは何か

筆順とは、「漢字の点や画が順次に積み重ねられて一つの文字を形成する順序である（原田種成『漢字の常識』三省堂、四八頁)。

平成二九年三月告示『小学校学習指導要領』には、筆順についての記載が一カ所ある。

> 第2各学年の目標及び内容〔第1学年及び第2学年〕
> 2内容〔知識及び技能〕(3)ウ
> (イ)点画の書き方や文字の形に注意しながら、筆順に従って丁寧に書くこと。

基本的な筆順の内容と、指導上の留意点については、昭和三三年に文部省が出した「筆順指導の手引き」の中に記載されている。

> 本書に示される筆順は、学習指導上に混乱を来たさないようにとの配慮から定められたものであって、そのことは、ここに取り上げなかった筆順についても、これを誤りとするものでもなく、また否定しようとするものでもない。

> 本書に取り上げた筆順は、学習指導上の観点から、一つの文字については一つの形に統一されているが、このことは本書に掲げられた以外の筆順で、従来行われてきたものを誤りとするものではない。

漢字には何通りかの筆順があり、一つの書き順を教え込むことは、文科省の意に反していることになる。示されている筆順はあくまでも基準であることを教師として知っておく必要がある。

二　特別支援を要する子への過度な筆順指導

発達障害、読み書き障害を抱える子ども達は、筆順で混乱してしまうことがある。

漢字は象形文字なので、イメージが形で出てくるのである。つまり形は覚えられるが、筆順が覚えられない子どもが教室には混在しているのである。

筆順を覚えにくいという特徴をもつ子どもについて、私は「同時処理」タイプと述べたことがある。この同時処理タイプは自閉症グループに多く、主に視覚情報を扱うため、筆順どおりには漢字を覚えにくいのである。

こうした子どもに無理に筆順を押し付けることがいけないことは、次の文科省の記述からも分かる。

> 教科書の筆順の示し方（一画ずつ進行する方法）は、次のマイナスがある。（中略）ウ　作業的になる。ややこしくて、本質的でないところに子ども達の神経を使わせる。七〜八画以上になると、正確に追うのが困難になる子が出る。
>
> （文部科学省http://www.mext.go.jp/a_menu/shotou/clarinet/002/003/002/011.htm）

過度な筆順の指導は、書くことへの意欲を削いでしまうことにもなる。教師は、筆順の原則や書き順には何通りかあることなどを理解し、子どもの特性に応じて柔軟に対応していかなくてはならない。

三　筆順と同時にイメージできる指導を取り入れる

筆順には、

①書きやすい。
②字の形も整う。

といった効果がある。

光村教育図書の「あかねこ漢字スキル」には、指書き→なぞり書き→写し書きというユースウェアが存在する。

「指書き」は、指先という感覚を使用することで、筆順だけでなく、漢字のイメージ・形を脳に送り込む作業をしている。画数を唱えながら指書きをすることで、指先や口の周りの筋肉、聴覚などの多くの感覚を刺激することができる。

教師は子どもの反対側に立ち、子どもと一緒に空書きをする。子どもの書き順が、教師の書き順と同じになっているかを確認する。その際、教師が書くのは鏡文字になる。

そうして、頭に漢字の形がイメージできた状態で、初めて鉛筆を持って「なぞり書き」を行う。この段階は、既に漢字の形を整える作業に入っているのである。

どの段階も、画数を声に出して練習を行うようにする。これは、できるだけ多くの感覚を使って脳に大切な情報だということを伝え、覚えることができるようにするためである。

このような漢字の学習は、形を覚えるのが得意な子どもにも、筆順を覚えるのが得意な子どもにも対応できる指導システムである。優れた教材は、優れたシステムを宿している。

教師として、教室ですべての子どもが意欲的に漢字の学習に取り組めるよう正しい知識を持ち、優れた教材を駆使して指導に臨みたい。

【その他の参考文献・資料】
学習指導要領解説（平成二九年三月告示）
https://kakijun.jp/main/hitsujunsidonotebiki.html

字体・字形

8 「止め」「はね」「はらい」にこだわる指導が漢字嫌いを生む

絶対NG指導
▼細部にまでこだわって何度も直しをさせる。
▼過剰な書取採点の基準。

一 細部にまでこだわって直しを何度もさせても、漢字は覚えられない

平成二九年告示『学習指導要領解説　国語編』には、

> 漢字の読み書きについては、書きの方が習得に時間がかかるという実態を考慮し、書きの指導は二学年間という時間をかけて、確実に書き、使えるようにすることとしている。
> （一部抜粋）

また、「『常用漢字表の字体・字形に関する指針（報告）』（平成二八年二月二九日　文化審議会国語分科会）の概要」には、

> 字体は骨組みであるため、ある一つの字体も、実際に書かれて具体的な字形となってあらわれたときには、その形は一定ではない。同じ文字として認識される範囲で、無数の形状をもちえることになる。児童の書く文字を評価する場合には、こうした考え方を参考にして、正しい字体であることを前提とした上で、柔軟に評価することが望ましい。
>
> 一方、漢字の学習と書写の学習とを考えたとき、文字を書く能力を学習や生活に役立てるために、文字を正しく整えて書くことができるよう、指導の場面や状況に応じて一定の字形を元に学習や評価が行われる場合もある。（一部要約）

とある。

つまり、字体の骨組みが変わっていなければ、「とめ、はね、はらい」がなくても当該の漢字として認識されるのであり、「とめ、はね、はらい」はこだわって指導するところではないのである。

特別支援の観点からみても、何度も何度も繰り返し直しをさせる指導は、例えばAD／HD傾向の児童にとってはマイナスでしかない。努力してみても認められず、失敗経験を積み重ねるだけになり、結果的に努力を嫌うようになる。脳は、面倒なこと、嫌いなことに対して避けようとするためである。

また、ワーキングメモリの力が低い児童もいる。何度練習しても覚えにくく、何画あるのか正確に捉えられない、そして意欲がなくなっていってしまう。

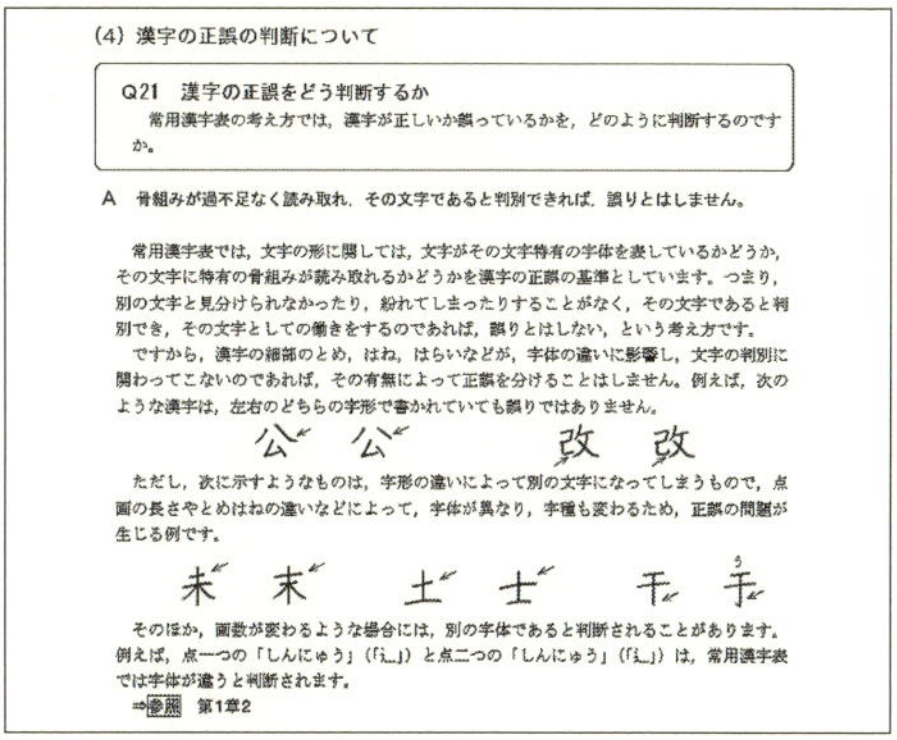

(4) 漢字の正誤の判断について

Q21　漢字の正誤をどう判断するか

常用漢字表の考え方では，漢字が正しいか誤っているかを，どのように判断するのですか。

A　骨組みが過不足なく読み取れ，その文字であると判別できれば，誤りとはしません。

常用漢字表では，文字の形に関しては，文字がその文字特有の字体を表しているかどうか，その文字に特有の骨組みが読み取れるかどうかを漢字の正誤の基準としています。つまり，別の文字と見分けられなかったり，紛れてしまったりすることがなく，その文字であると判別でき，その文字としての働きをするのであれば，誤りとはしない，という考え方です。

ですから，漢字の細部のとめ，はね，はらいなどが，字体の違いに影響し，文字の判別に関わってこないのであれば，その有無によって正誤を分けることはしません。例えば，次のような漢字は，左右のどちらの字形で書かれていても誤りではありません。

ただし，次に示すようなものは，字形の違いによって別の文字になってしまうもので，点画の長さやとめはねの違いなどによって，字体が異なり，字種も変わるため，正誤の問題が生じる例です。

そのほか，画数が変わるような場合には，別の字体であると判断されることがあります。例えば，点一つの「しんにゅう」（「辶」）と点二つの「しんにゅう」（「辶」）は，常用漢字表では字体が違うと判断されます。

⇒参照　第1章2

目の前の児童が何に困難を示しているのか。それを考えずに、ただ直しだけをさせる指導は避けるべきである。

では、どのような漢字指導が効果的なのか。初めから鉛筆を持たせて書かせる指導ではなく、「指書き」「なぞり書き」「写し書き」「空書き」の順で練習させる方法が効果的だ。

覚える時には、「指書き」を行う。指で机の上に書くのである。その時に大事なことは、画数を唱えながら指書きをすることである。唱えながら覚えることで、指だけでなく、口と耳も使い、習得効果が上がる。また、漢字の成り立ちや仕組みについて取り上げることも効果がある。

二　過剰な書き取り採点の基準

職員室で、漢字の採点のことが話題にあがる。

「この漢字のとめはこうでないといけない」

「はねがきちんとしていない」

など、一生懸命指導しようとしているように見えるがそこに根拠は無い。とめ、はね、はらいなどの字形は、実は世の中にたくさんある活字一つ一つのデザインであると、改定常用漢字表に表記してある。前掲の指針にもあるように、字体そのものが認識でき、字体の枠組みから外れていなければ、その文字として認められるのである（小森茂〔青山学院大学教授〕『教育科学国語教育』

図６　字体・字形・書体等の関係

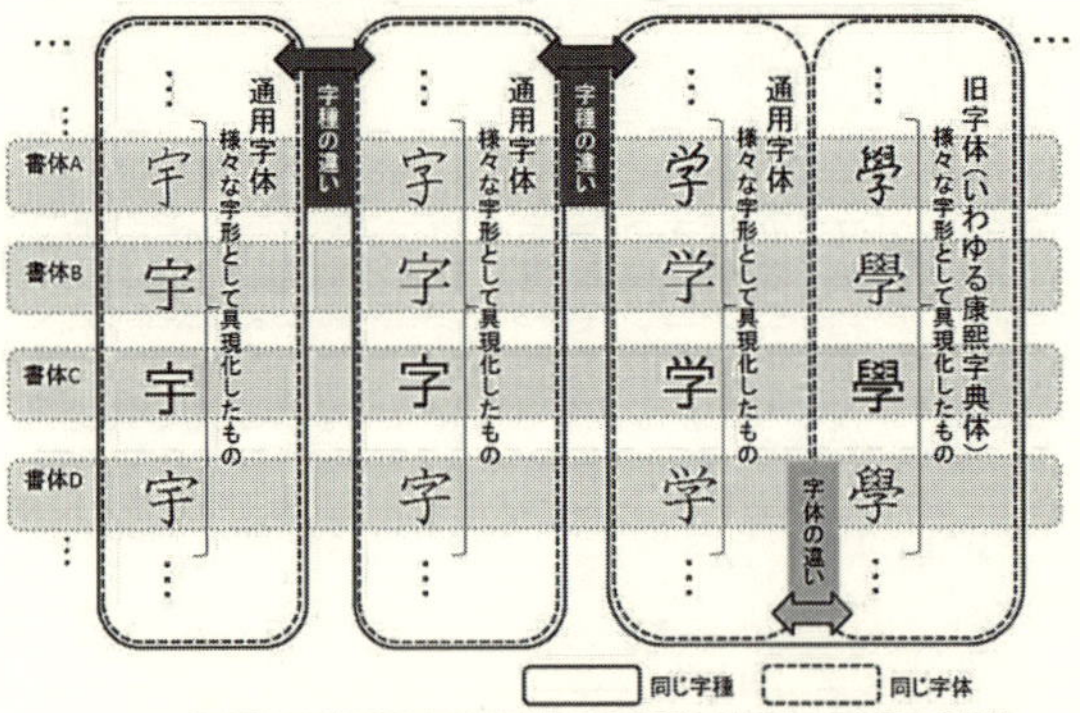

※ 原則として，字種が違っていれば字体及び字形も異なり，字体が違っていれば字形も異なる。

なお，参考資料（P. 205）に，上記の内容についてより詳しく説明した「常用漢字表の用語について」を付した。

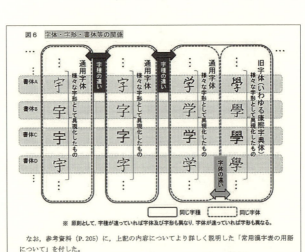

二〇一二年、一一号)。

しかし学校では、文字の細部に必要以上の注意が向けられていることが多い。本来であれば問題にならない違いによって漢字の正誤が決められる傾向が生じている。もちろん、いい加減な漢字指導をしてよいということではない。

加えて、学習障害(LD)のある児童の配慮を考えた場合、書き取りの学習面で困難さを抱えていたら、基礎能力に、小学二~三年生で一学年以上の遅れ、小学四年生以上で二学年以上遅れている可能性がある。

書取採点を厳しくしただけでは、その困難さは解消されない。字形を取りにくいのか、覚える段階で間違えて覚えているのか、原因を探ることが重要である。

そして、手書き文字と印刷文字の表し方には習慣の違いがあること、字の細部に違いがあっても、その漢字の骨組みが同じであれば誤りとはみなされないことを踏まえて、無数にある字形を一方のみが正しいとする見方ではなく、字体の枠組みがとらえられるような漢字指導を進めていきたい。

【その他の参考文献】

原田種成『漢字の常識』三省堂、一九八二年
小山鉄郎『白川静文学入門なるほど漢字物語』共同通信社、二〇一二年
道村静江『全員参加!全員熱中!大盛り上がりの指導術――読み書きが苦手な子もイキイキ唱えて覚える漢字指導法』明治図書出版、二〇一七年
平山諭『発達障害児の授業スキル――環境対話法を活用する』麗澤大学出版会、二〇〇八年

第3章 〈算数〉編

1 問題解決学習は、特別支援が必要な子どもにとって悪である

絶対NG指導

▼教科書を机にしまわせる。
▼教えず、褒めない。

一　教科書を使わない問題解決学習は、子どもの学習権を奪う

問題解決学習には定番の風景がある。

①教科書が机の上にない。
②ノートが机の上にない。
③模造紙に書いた問題を黒板に貼る。

授業の最初の指示は、「教科書をしまいなさい」である。

その後、教科書に載っている問題が書かれた模造紙を黒板に貼り、音読させた後、「今日は、この問題をみんなで考えます」と説明する。

何も教えずに、子どもに約二〇分間「自力解決」として丸投げし、問題を考えさせる。解けた子は小黒板やシートに書いて黒板に貼る。

その後の「練り上げ」は、できる子が延々と発表し、活躍の場が与えられる。

一方、できない子は全くできないまま、四五分間、机に突っ伏す。

発達障害、とりわけＡＳＤの子どもは、授業中にファンタジーに入る（現実から遊離する）ことがある。

平山諭氏は、次のように言う。

> （ファンタジーは）不安や緊張を感じる（思い出す）と現れやすい。脳の満足度が低下した状態だと言える。
>
> （『発達障害児の授業スキル』麗澤大学出版会、五八頁）

ファンタジーに入った子に教師が声をかけ、授業に戻す。

その時に大切なのは、「今、何をやっているのかが分かること」である。

教科書を出していない問題解決学習では、授業に戻っても何をやっているか分からない。不安は増大し、授業に参加できなくなる可能性が高い。

教科書を開いていれば、「ここだよ」と教師が指すだけで、授業に戻ることができる。

教科書を使って授業をすることで、発達障害の子は安心して授業に参加することができる。

教科書を使わないのは、発達障害の子から学習権を奪っていることになる。

二　問題解決学習の授業では「教えて褒める」場面が生まれない

問題解決学習を実践している先生の研究授業を見たことがある。

研究授業の場でも、できない子どもは突っ伏している。ヒントカードを出したり、できる子に教えてあげるように言ったりするが、状況はいっこうに変わらない。

教師が口にする言葉は、「Aさんにはちょっと難しいかな」「分からないなら仕方ないね」など、嫌みに聞こえることばかりであった。これでは、子どもがやる気になることはない。

授業の基本は、

教えて、褒める

である。

算数の教科書は、例題、類題、練習問題の配列で構成されている。

例題は、ヒントが教科書に載っている。安心して答えることができる。

だから、できる子もできない子も、特別支援を必要とする子も安心して答え、同じ土俵に立つことができる。

例えば、例題に問題の解き方が載っていたとする。私は次のように言う。

問題の解き方、ノートにそっくりそのまま写しなさい。できたら、持っていらっしゃい。

教科書をそっくりそのままノートに写すだけである。問題の解き方を、写すことで教えているのだ。写すだけなら、どの子もできる。

子どもがノートを持ってきた時に、「よし！」「かしこい！」と、次々と褒める。

褒められることで、子どものモチベーションは上がる。授業に参加できるようになる。

もちろん、ノートになかなか写せない子もいる。

彼らを叱ってはいけない。平山氏は、このような場面での対応について、次のように言っている。

> 子どもが成し遂げた結果だけが対象ではなく、努力している状態や経過をほめたり、また、ほめるところがなくても事実や準備状態を評価したりすることにより、動機を高めることができる。
> (『満足脳を作るスキルブック』ほおずき書籍、三二頁)

ノートに書けない子には、「おっ、鉛筆持ってるね」「途中まで書けたね。えらい」など、褒め言葉をかけてあげるのである。


褒め言葉をシャワーのように浴びせることで、子どものやる気は向上する。

例題が終わると、続けて類題、練習問題に入る。

「さっきやったやり方で、ノートにやってごらんなさい」と指示を出す。

教えたことをもとにして、類題、練習問題を解かせる。できたこと、やろうとしたことを教師はほめてあげればよい。


問題解決学習の授業では、「教えて褒める」場面は生まれない。発達障害の子にとっては地獄のような時間になる。算数嫌いが続出する。

「教えて、やらせて、褒める」、これが授業の骨格であるべきだ。

教科書活用

2 教科書を見てはいけない？

絶対NG指導

▼教科書を使わずに授業を進める。
▼「自分の力で考えなさい」。

一 どの子も安心して取り組める授業づくり

教科書を使わずに、授業を進める教師がいる。

プリントを使ったり、模造紙に書いた問題を解かせたりして、授業を進める。

このような授業を行っているクラスでは、「先生、次、何やるの？」という声が上がる。教室は騒然としてくる。

これは、子ども達が悪いのではない。教師の指導が悪いのである。

子どもの集中力を高めるためには、ドーパミンが必要である。

ドーパミンを分泌させるための方法として、平山諭氏は次のように述べている。

> 数字は基準を作り、見通しが立ちやすくなる。また見通しが立つということは安心感をもたらすことにもつながる。
> （『満足脳を作るスキルブック』ほおずき書房、三四頁）

特別支援の観点から考えると、「一時間の見通しをもたせる」ことは極めて大切である。

何を言うか、何を指示するか分からない教師を目の前にして、教科書がなければ子ども達は何をすればよいか分からず、不安になるのは当然である。

教科書には、頁番号がある。問題番号がある。

平山氏の言う「見通しをもたせる数字」がちりばめられている。

教師は、例えば次のように見通しをもたせることができる。

①「今日は、○ページまでできたら終わりです」
②「□1、三問できたら持っていらっしゃい」

このように、指示の中に数値を入れることで、どの子も見通しをもてるようになる。

また、教科書は、一目で授業の流れが分かるようにできている。

□問題は例題である。例題には分かりやすい説明や解き方が書かれている。

□問題をもとにして、△の類題で解き方を確認する。

そして、学んだスキルを使って○問題で練習をする。

その決まったパターンで毎時間が繰り返される。授業の進み具合が子ども自身にも分かり、自然に見通しをもつことができる。

どの子も安心して授業に取り組むことができるのである。

さらに説明は端的で分かりやすく書かれている。しかも文字として残っている。家で宿題の練習問題をする時にも、見直したり手がかりにしたりできる。

また、教科書には、今までの学年の積み重ねが順序よく配列されている。

次の時間の学習内容も見ることができるので、今後の見通しも持つことができる。

二　勉強が苦手な子の学力を保証する指導法

教科書を使って授業をすることで、全国各地で一定水準の学力が保証される。にもかかわらず、教科書を見てはいけない、という教師がいる。

彼らが主張するのは、「教科書を見せると、子どもが考えなくなる」ということである。

教科書を見せずに、自分で考えさせる問題解決学習の授業では、学力の低い子は机に突っ伏し、何も考えていない。

全く未知の考え方を「自分で考えなさい」と言われて思いつくのは、塾ですでに習ったか、初めから勉強のできる一部の子だけである。

新しい学習内容の場合、次のように指導する。

①「基本型」を示し、解き方を教える。
②類題を「基本型」通りに解かせる。
③練習問題を「基本型」通りに解かせ、チェックする。

学習には、まず手本が必要だ。それが教科書である。

全国学力テストで重視されているものに「説明問題」がある。

それも「〇〇さんのように」等と、手本を参考に変化させて答えることが求められている。

このように学習には「手本」が必須なのである。

さらに、計算の仕方などを学ぶ時は、まず「しくみ」を知り、その後にそれを使いこなす「スキル」を鍛える、という手順がある。

教科書の例題は、その「しくみ」を学ぶ場である。

子ども達が本当に実力をつけるのは、例題ではない。

練習問題を、スキルを使って解く場面で、子ども達は力をつける。

例題で分かるようになる子は、三割程度である。

教科書を使わず「自分で考えさせる」授業をする教師は、練習問題の大切さを意識していない。

授業時間は、例題で扱われている「しくみ」を学ぶだけで終わり、練習問題をする時間はなくなる。

残った問題は「宿題」となる。

宿題に出しても、勉強の苦手な子や発達障害の子など、本当にやってきてほしい子はやってこない。

これでは力がつくはずがない。

できる子とできない子の学力差を、大きくするだけである。

教科書を使わずに授業をするということは、「見通しをもたせず」「勉強の苦手な子の学力を保証しない」指導法である。

教科書を見せ、教科書の問題をすべて解かせることで、発達障害の子の学力を保証することができる。

教材・教具

3 ブロックを使った指導は不幸しか生まない

絶対NG指導 ▼ブロックやタイルの操作を延々と続ける。

一 「百玉そろばん（児童用）」が発達障害の子に優しい理由

低学年では、算数セットを使って学習することが多い。

算数セットには、数図ブロックやタイルが入っており、多くの教師はブロックやタイルを何の疑いもなく、当たり前のように使っている。

しかし、実際に授業で使ってみると、ブロックやタイルを床に落としたり、うまく操作できなかったりする子が出てくる。一人でもそのような子がいると、授業が停滞する。

彼らは、わざとやっているのではない。これは「微細運動障害」という障害である。

微細運動障害の特徴は、次のことである。

「軍手を二重にはめた感覚」で操作しているイメージ

この状態では、字を書いたりパズルをしたりするなど、指先の細かい運動をするのは難しい。

微細運動障害の子がブロックやタイルを操作すると、どうなるか。ブロックやタイルは、細かな操作が必要となり、「合成」や「分解」などの操作で遅れが生じやすい。

また、ブロックやタイルをつまむ時に、うまくつまめず、床に落としたりすることも多い。ブロックには磁石が入っており、自分の意図したブロックとくっつかなかったりもする。

発達障害の子は、このイライラした状況を処理することにワーキングメモリを使う。ワーキングメモリ容量の少ない子は、状況を処理するだけでワーキングメモリを使い切ってしまう。結局、学習すべき内容は全く入らず、算数が苦手になる。

子ども達に力をつけるために使っている教材によって、力がつかなくなるのでは本末転倒である。

さて、微細運動障害の子ども達に優しい教材がある。

百玉そろばん〈児童用〉（東京教育技術研究所）
https://www.tiotoss.jp/products/detail.php?product_id=2281

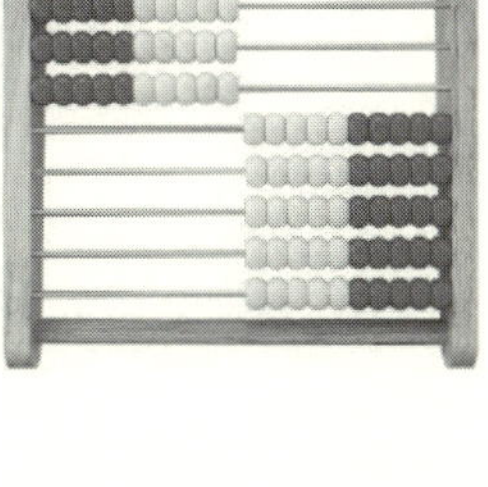

百玉そろばんは数十年前の日本では普通に使われている教材だった。

一段に五個ずつ色分けされた十個の玉が並び、計十段で百玉。

百玉そろばんは数概念や量感覚を直感的に把握することができる。

この教材の良さは、次の二つである。

① 玉が軸に通っているので、操作しても落ちることがない。
② 操作は人差し指一つでできるので、つまむなどの細かい作業なしで学習ができる。

百玉そろばんを使えば、ワーキングメモリの少ない子でも、スムーズに学習を進めることができる。

ブロックと百玉そろばんのスピードを比較した映像を見たことがある。

教師が「七を入れてください」と指示を出す。

七を入れるのにかかった時間は、次の通りである。

ブロック　　……一九秒
百玉そろばん……一秒

百玉そろばんはブロックの一九倍のスピードで扱うことが可能である。

百玉そろばんを使うと、単純計算で一九倍の学習量が保証される。

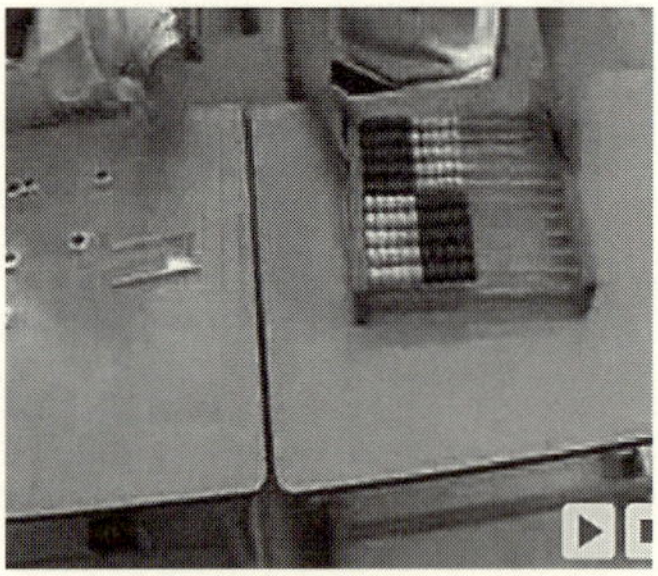

二　教師用百玉そろばんをセットで使う

児童用百玉そろばんとセットで使うとよい教材がある。

百玉そろばん〈教授用〉（東京教育技術研究所）
https://www.tiotoss.jp/products/detail.php?product_id=2279

教授用百玉そろばんは、授業開始に使うと効果的である。授業開始、子ども達がまだ教室に帰ってきていない段階で、教授用百玉そろばんを始める。

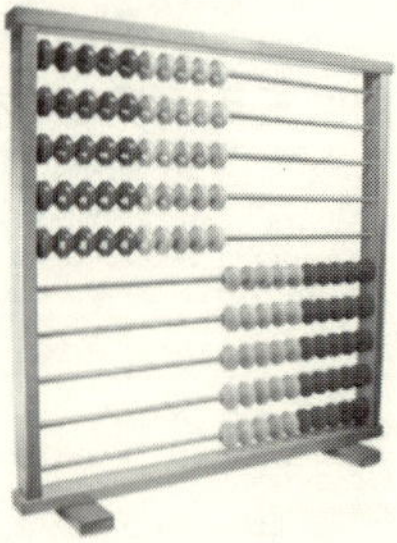

玉をはじき、子ども達が「一、二、三……」と数え始める。やっているうちに全員が揃う。

百玉そろばんをやると、自然と子ども達が集中する。

脳科学者の平山諭氏は、講演会の中で次のように述べておられる。

> 発達障害の子は、「音」「色」「動くもの」に反応し、集中します。百玉そろばんは、そのすべてを満たしている優れた教材です。
> （堀田和秀氏による講座メモより）

教授用百玉そろばんを使うことのメリットは、他にもある。

> 教授用百玉そろばんと児童用百玉そろばんが、同じ構造になっている。

発達障害の子は、自分が操作している教材と教師が操作している教材が少しでも違うと、「違うものである」と認知する傾向にある。

このかすかなズレが、子ども達に混乱を生むことになる。

教授用百玉そろばんと児童用百玉そろばんは、形状、色、共に同じ構造になっている。子ども達が「同じものである」と認知する可能性が高い。

子ども達が操作に困り、ポロポロと床に落とすブロックやタイルを延々と使い続けている教師は、子どもの事実から目を背けている。

子どもの事実を大切にするなら、どの教材を使うか、吟味する必要がある。

4 プリント・ノート指導

絶対NG指導

▼教師の手作りプリントでの学習。
▼ノートの書き方指導をしない。

一 プロの目を通った教材を使う

手作りプリントを使って、授業をする教師がいる。

教科書や市販の教材は、プロの目を通っているのでミスはほとんどない。しかし、教師は、教材づくりのプロではない。だから、所々にミスが生じる。

子ども達から、「ここの数字が間違っています」「印刷が見えにくいです」と声が上がる。

多くの子ども達は、一時的に気になっても、しばらくすれば通常の状態に戻る。

しかし、発達障害の子、特にASDの子は一度気になったところから離れられない特徴をもつ。

脳科学者の平山諭氏は、次のように言う。

> (ASの特性の)二つめはこだわり(同一性保持)です。一つのこと、あるいは特定のものに、くり返しやしつこさが現れます。やり尽くさないと気が済まない、やり終えないといけないのです。
>
> (『親と教師のためのADHD・ASを変える環境対話法』麗澤大学出版会、五五頁)

彼らは一つのミスがあると、気になって先に進めなくなる。その部分に固執している間に、時間は刻一刻と過ぎていく。追いつけずに遅れていると、「いつまで気にしてるの。早くしなさい！」と叱られる。一方で、プリントが配られるなり、いきなり問題を解き始める子もいる。ＡＤ／ＨＤの子ども達である。彼らは「待つ」ことが苦手である。勝手にさっさとやってしまい、手持ちぶさたになる。結果、時間差が生まれ、学級はぐちゃぐちゃになっていく。

これは、子どもの責任ではない。このプリントを作った教師の責任である。

習熟を図るなら、プリントではなく、ドリル教材の方がよい。

特に、発達障害の子に優しい算数教材がある。

あかねこ計算スキル（光村教育図書）

この教材について、安原子どもクリニックの安原昭博氏は、次のように述べている。

> 算数ドリルでは、「あかねこ計算スキル」がよいと思われます。まず、配色がよくて見ていてイライラしません。一ページの問題も多くなく自然とやる気になります。早く終わった子は「早く終わったらやってみよう」があるので時間を調節することができます。
> （「自己肯定感を高める教材と教え方」『特別支援教育教え方教室』二〇一二年一一月号、六九頁）

「あかねこ計算スキル」は、プロの目を通った優れた教材である。

問題配列、問題数など、すべてに意味があり、発達障害の子も喜んで取り組むシステムになっている。自前の手作りプリントを使うよりも、「あかねこ計算スキル」を使った方が、子ども達の学力がつく。

二　「見やすいノート」づくりに最適の教材

算数の授業で、ノートを使う。おそらく、ほとんどの教室で行われていることである。しかし、「ノートの書き方」を指導しているクラスは、そう多くない。

ノートの書き方は、例えば次のように指導する。

①日付、教科書のページ番号を書く。
②問題と問題の間は、一〜二行空けて書く。
③まっすぐの線を引く時は、定規を使う。

このような書き方は、教えなければできるようにはならない。つまり、教師が「ノートの書き方」を指導する必要がある。

発達障害の子の中に、視覚優位の子がいる。彼らは「見やすいノート」を作ることでミスが減り、学力が向上する。

ノート指導は、次のように進める。

①日付「4」で一マス、「／」で一マス、「7」で一マス。書けたら持ってらっしゃい。
②ページ数、書きなさい。
③「①」、先生と同じように書きなさい。

④「35＋26」、問題をやりなさい。できたら持ってらっしゃい。
⑤指二本分、空けて。「②47−28」、できたら持ってらっしゃい。

この指導をより効果的にするには、次の教材が最適である。

①TOSSノート（東京教育技術研究所）
https://www.tiotoss.jp/products/detail.php?product_id=1
②ジャンボホワイトTOSSノート（東京教育技術研究所）
https://www.tiotoss.jp/products/detail.php?product_id=2808

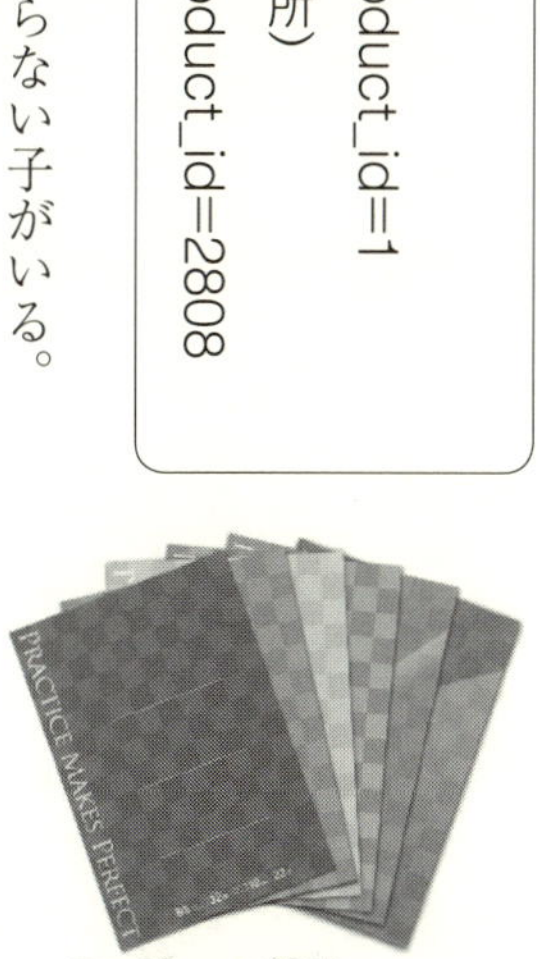

ヨコ 10mm×22行
青／緑／桃／橙／銀／金

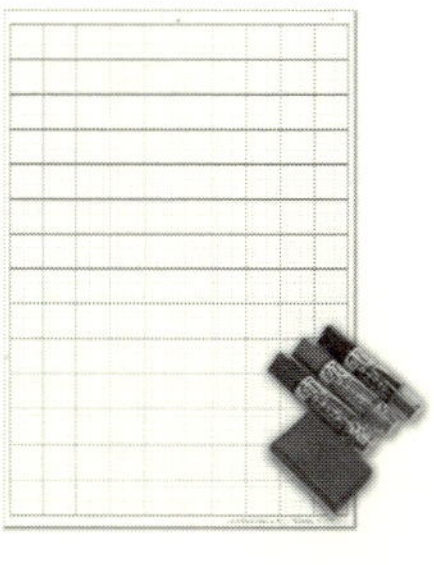

発達障害の子の中に、どこから書き始めればよいか分からない子がいる。教師は黒板に文字を書き、「ノートに写しなさい」と指示を出す。この指示だけでノートに書けると思っている。しかし黒板にはマス目がないため、ノートと同じと認識できない。整合性にズレが生じるのだ。

ジャンボホワイトTOSSノートは黒板に貼りつけられ、また、白のバックに水色の線のマス目がTOSSノートと同じになっているため、これなら整合性が取りやすく、混乱が起きにくい。

TOSSノートとジャンボホワイトTOSSノートをセットで使うことで、発達障害の子も安定して学習に取り組むことができる。

5 授業内容が頭に入らないのは「問題」がそもそもあり得ないものだから

絶対NG指導

▼問題そのものがあり得ない設定である。
▼文章問題をイメージさせないまま、計算だけさせる。

一 ASDの子を混乱させる問題文

文章問題が苦手な子がいる。

彼らが文章問題を苦手にしているのは、「問題場面をイメージできない」からである。しかし、それ以前の問題の場合がある。

> 問題設定そのものが、現実的にあり得ない。

例えば、二年生の教科書には下のような問題が載っている。

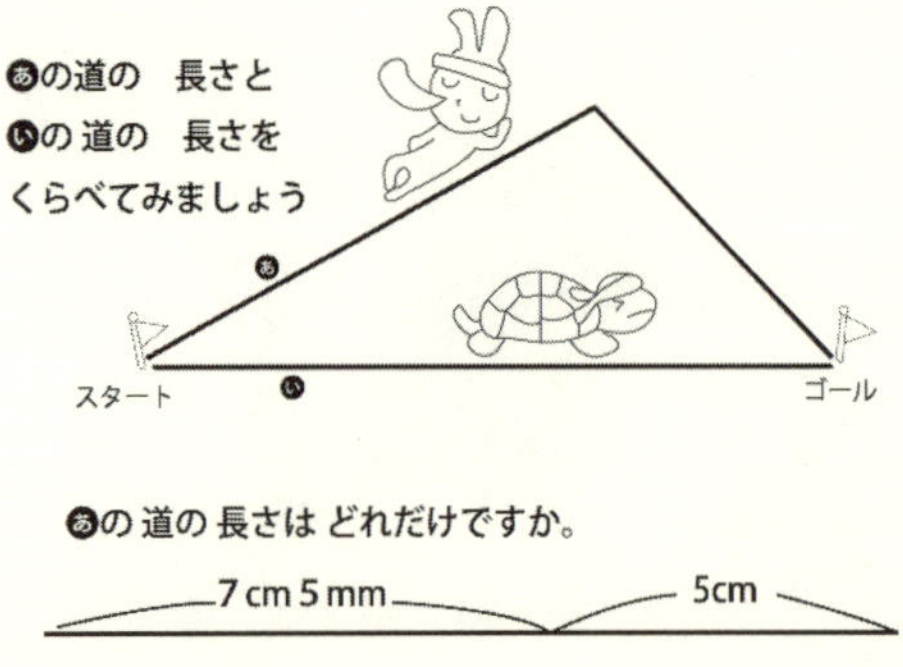

あの道の　長さと
いの道の　長さを
くらべてみましょう
あ
スタート
い
ゴール
あの 道の 長さは どれだけですか。
7cm 5mm
5cm

この問題は、現実にあり得ない。

例えば、次のようなことが挙げられる。

> ①道の長さが、「7㎝5㎜」と「5㎝」になっている。ウサギとカメの大きさに違和感がある（明らかにウサギとカメが小さすぎる）。

②ウサギとカメの大きさがほぼ同じである。本来ならば、ウサギの方が大きいはずである。

教師はこの状況がフィクションであり、教科書の都合でそのように描かれていることを理解する。
しかし、ＡＳＤの子は、次のような特徴がある。

ＡＳと高機能自閉症の診断基準
コミュニケーションの障害
(6) 比喩や冗談が分からない＜ＡＳ＞
（平山諭『親と教師のためのＡＤＨＤ・ＡＳを変える環境対話法』麗澤大学出版会、六八頁）

ＡＳＤの子は、フィクションをノンフィクションとして捉えてしまう。だから、現実的にありえない問題に出会うとその部分にこだわってしまい、こだわり始めると、そのことが気になって問題に取り組めなくなる可能性が高い。
このような状況を生み出さないために、まず次のことが大切である。

教師が作った「文章問題プリント」をさせない。

教師は、問題づくりのプロではない。
状況設定よりも、「どのような計算をさせたいのか」ということをイメージして問題文を作成する。

計算ありきで数字を当てはめていくので、問題文が非現実的なものになる。

文章問題を指導するなら、教科書や市販のドリルを使う方が、状況設定に無理がない。

二　視覚化の工夫で文章問題は解けるようになる

文章問題を、次のように指導する教師がいる。

「始め男の子は何人いたの？　八人ですね。女の子は何人いたの？　七人ね。これを合わせるんだから、何算？　そう、たし算。じゃあ、式を書いて」

この指導では、子どもたちは文章問題を解けるようにはならない。問題があり得ない設定になっていても、気づかない子になる。

文章問題でつまずくのは、次のことに起因していることが多い。

> 問題場面がイメージできない。

問題場面をイメージできれば、多くの文章問題は解くことができるようになる。

文章問題は、次のステップで指導するとよい。

> ①「何のお話ですか」と聞く。
> ②「それで（どうしたの）？」と繰り返し聞く。
> ③「この問題を、絵や図に表してごらんなさい」と指示する。

文章問題を絵や図に表すという作業は、有効である。

通常は頭の中で絵や図に表し、それをワーキングメモリに保持しておいて式を考える。

しかし発達障害の子の中には、ワーキングメモリ容量の少ない子がいる。

だから「絵や図に表す」という作業は、

途中経過を視覚化する

ことになり、考えやすくなる。発達障害の子に優しい指導となるのである。

高学年になると、割合や単位量あたりなど、絵や図に表しにくい問題も出てくる。

そこで高学年の単元では、「面積図」を使うことが多い。

①９㎝の線を引き、３㎝ごとに区切る

②問題文の中で「1」がついている単位を下、もう一つの単位を上の右端に書く。

③一あたり量を、先に書き込む。次に残っている数値を書き込む。

④「1」とちがう数値の上に長方形をかぶせる。

これを使いこなせるようになると、文章をイメージできない子でも文章問題を解くことができるようになる。

授業内容が頭に入ってこないといった問題は、なくなっていく。

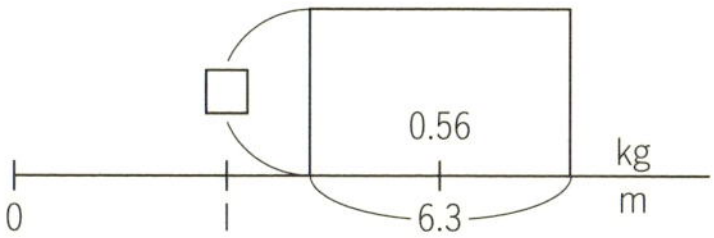

第4章
〈音楽・体育・図工・家庭〉編

1 「声を小さくしなさい」では分からない

絶対NG指導 ▼言葉だけで説明や指示をする。

一 真面目に取り組んだのに、叱られる

歌声が小さい時、「もっと大きな声で歌いなさい」と指導することがある。ごく当たり前の指導のように思える。

次の瞬間、教室中にとんでもなく大きな声がこだまする。声の主は特別支援を要する子である。

そこで多くの教師は「怒鳴らない！」と、叱る。

とんでもなく大きな声を出した子どもが悪いのだろうか。

否である。これは教師の指導に問題がある。

自閉スペクトラム症の子には、次のような特徴がある。

> たとえば、字義通りに言葉を捉えるために、たとえ話が通じない、文脈を理解して会話に参加することができないなどの特徴があります。
>
> （加藤俊徳『発達障害の子どもを伸ばす脳番地トレーニング』秀和システム、二六頁）

彼らは、教師が「大きな声で歌いなさい」と言ったから、指示通りに大きな声を出したのである。いたっ

て真面目に取り組んだのである。

にもかかわらず、教師から叱られる。このような指導が繰り返されると二次障害が引き起こされる。二次障害になると、音楽が嫌いになっていく。そして、歌を歌わなくなり、音楽の授業さえ拒否するようになる。

二 モデルを示し、具体的なイメージをもたせる

では、どのように対応すればよいのか。

㈠ 歌声のモデルを示し、できたら褒める

まず、教師が歌ってモデルを示す。

例えば、歌の指導をする時、私は次のように指示する。

> 「先生の声と同じ大きさで歌います」
> （CDを流す）
> 「さん、はい」

他に余計なことは言わない。先生が声の大きさのモデルになっているのである。

モデルがあれば、できる。できたら褒める。

モデルを示し、できたら褒めるという繰り返しで、できるようになっていくのである。

このように、教師がモデルを示すことで、子ども達にイメージをもたせることが大切である。

（二）具体的なイメージをもたせる

「声を小さくしなさい」と指導する場合も同じで、言葉だけでは分からない。今がどれくらいで、どのようになればよいのかを具体的に示す必要がある。

①数値で示す
②手の幅で示すなど視覚化する

この二つの方法により「小さな声」の具体的なイメージをもたせることが最善策である。

①数値で示す

歌声を聞いて、

「今の声の大きさは、一〇のうち九の大きさです」

と言えば、今がどれくらいの大きさなのか、具体的にイメージができる。ＡＳＤ（自閉スペクトラム症）児は「大きく」「小さく」などの曖昧な表現よりも、数値による表現の方がイメージしやすいからである。

そして、

「今、九の声なので五にしましょう」

と言えば、次に出す声のイメージをもたせることができる。

また、歌の途中で声の大きさを変えたい時には、

「始めは五、この部分からは七、八、九と大きくしていき、最後は一〇の大きさで歌いましょう」

と言えば、変化するイメージがつかめる。

歌の途中で、今の声の大きさを、数値を書いた紙を見せるのも効果的である。

②手の幅で示す

龍馬くんは、次のように教えてくれている。

> 手の幅で今の声の大きさを見せてほしい。
> 両手を広げた幅で「このくらい、このくらい。」と見えるように知らせてください。歌を歌っているときはどうやったら大きな声で、どうやったら小さい声なのか最初に見せて教えてください。
> （『発達障がい児　本人の訴え　Ⅰ』、二〇頁）

この記述から、手の幅で示すことが効果的であることが分かる。

「今はこれくらいの声です」

と、手を広げる。そして、

「次はこれくらいにしましょう」

と、両手を広げた幅を変える。

たったそれだけで、音を視覚化して伝えることができる。

> 視覚的に（手の幅で）、声の大きさを示してあげるのもいい。

（前略）大きい声と小さい声の出し方（レベル）を教えることが最優先だろう。大きな声から、少し小さな声へ、もっと小さな声へと、手の振りも合わせて、段階的に変化させると、学習しやすい。

（『発達障がい児　本人の訴え　Ⅱ』、一二三頁）

ＮＧ指導をせず、教師がもっているイメージを子ども達に伝えることができれば、「分らない」ことによる子ども達の混乱、ストレスを減らしていくことができる。

2　鑑賞ができないのは、教師の指導が悪いから

絶対ＮＧ指導

▼「曲を聴きましょう」→「今の曲の感想を書きましょう」。

▼「静かに聴きましょう」↕「自由に動きましょう」。

一　鑑賞が嫌いになるのはなぜ？

よく見られる、ただ聴かせるだけの鑑賞の授業。

「曲を聴きましょう」と言われても、子ども達は見通しもてず、ソワソワしてしまう。

そして曲が終わった途端、「感想を書きましょう」と指示が出る。

子ども達からは矢継ぎ早に、「何を書くのですか」「二行でもいいですか」と質問が出る。「できた」と持ってくる子の感想にも、「楽しかったです」「こわかったです」という抽象的で、この曲でなくてもいい言葉

が並ぶ。

教師は当然この場面で、「どうして書かないの」「何か書きなさい」と詰める。

子ども達はフリーズしてしまう。これは、教師の指導が悪い。

> 学校の宿題で「遠足の作文を書きましょう」という課題を与えられてパニックになった。G君の言い分としては、遠足といってもどこが遠足なのだと言うのだ。（中略）どこを書けば良いのだと言う。
>
> （杉山登志郎『発達障害の子どもたち』講談社現代新書、八六頁）

これは作文指導を例に取っているが、鑑賞の感想文も同じである。子ども達は、具体的に何を書けばよいか分からないから書けないのである。

結果、子どもにとって鑑賞の時間が苦痛になり〝嫌い〟になるのである。改善策として次の三つがある。

> ①曲の説明はしない。
> ②手がかりを与える。
> ③〝感じ〟の言葉をたくさん教える。

①曲の説明はしない

鑑賞の際、曲の説明はしない。

教師の説明により、子どもの中でイメージができてしまうからである。

曲によって、題名や作者、作られた時代や国名を伏せておく。もちろん、情報として知らせるとよい場合もある。例えばハチャトゥリアンの「剣の舞」なら「兵士達が手にある物を持って戦っています」、シューベルトの「ます」であれば「ますは魚の名前です」といった具合に。

教師が評価基準をもち、情報をどう扱うかを事前に決めておく。

②手がかりを与える

手がかりなしに鑑賞はできない。

鑑賞経験が少ない学年だと、何を聴けばよいか分からない。

例えば「主の楽器は何か」「同じフレーズは何回出てくるか」「いくつの楽器が出てくるか」「何の動物を表しているか」など、あらかじめ鑑賞に関する学習コードを教えておくことが大切だ。

曲を聴く前にキーポイントとなることを一つ与えることで、子ども達は集中して聴くようになる。

③〝感じ〟の言葉をたくさん教える

作文同様、言葉を知らないと書くことは難しい。

> 音楽の時間に「この曲はどんな感じですか？」と聞かれる。わけがわからなくてパニックになる。
>
> （『発達障がい児 本人の訴え Ⅰ』、一二八頁）

まず、〝感じ〟の言葉をたくさん出させる。内部情報を増やすのである。あまり出なければ、教師が教えてあげる。そして、その授業時間内でもいいが、画用紙や模造紙に分類して書いておく。

それを鑑賞の時間ごとに、黒板に掲示するのだ。そうすることで、例えば「楽しい感じ」と書いていた子が「明るくて笑顔になる感じ」「ぴょんぴょん跳ねたい感じ」など、言葉の例示の中から曲調に沿い、さらに本人の感じた表現で書くことができるようになる。

鑑賞したことについて説明する時、子ども自身の中に内部情報や語彙がたくさんあることは、最大の強みになる。それらを使って説明するのが鑑賞なのである。

二　「静かに聴く」「自由に動く」も絶対NG

音を楽しむ音楽の時間なのに、「静か」にする必要があるのか。否である。

「静かに」と言うと、不要なおしゃべり声だけでなく、良いつぶやきも消してしまう。また、体の動きも制限されてしまう。踊りたくなる曲、リズミカルな曲を聴かせることもあるのだ。

では、「自由に動きましょう」と言えばいいのか。楽しそうだが、それもまた違う。

「自由に」と言われても、子ども達は、音楽に合っていなかったり、どうしていいか分からず止まってしまったりする。曲調が分からなかったり、聴くポイントが曖昧だったりするからだ。

鑑賞についても通知表で評価するが、書いた感想文だけが評価の対象ではない。鑑賞をしている際の子どもの様子も、評価の対象である。

鑑賞させる時に気を付けることは、次の二つである。

①「動いていい」ことを伝える。

②具体的に伝える。

①「動いていい」ことを→②具体的に伝える、のである。

前節の②「手がかりを与える」のように、鑑賞のキーポイントを伝える際、曲によっては、「曲調が変わったら立つ」「リズムに合わせて手拍子をする」などの動作化を入れる。

わざわざ教師が言わなくても、体を揺らしたり、楽器を演奏するマネをしたりと、子どもの様子から見てとれる鑑賞の様子がある。

だから、ただ混乱する可能性があり、声だけでなく体の動きも消えてしまうような「静かに聴きましょう」という指示はNGなのである。

鑑賞は〝聴く〟こと以外にもある。実際に、教師が教室に楽器を持ち込んだら〝見る〟ことも含まれる。また、実物を〝触る〟ことができたら感触も含めて鑑賞できる。年に一回は音楽団の演奏を聴く機会もあるではないだろうか。プロの演奏を目の前にし、鑑賞した時の感情はCDでの鑑賞とはまるで違うものになる。

音楽の鑑賞では、身体と五感を使って様々な曲に触れることで、その経験が鑑賞の楽しさに繋がる。

感性も語彙も、どれだけ事前指導をするかで明確に変わる。

一、二度では音楽鑑賞の力は育たない。積み重ねが重要である。

音楽

3　体内リズムを考えた音楽指導

絶対ＮＧ指導

▼作業が少なく教師の説明が延々と続く。
▼初めての歌やリコーダーをゆっくりしたテンポで延々と練習させる。

一　「短いパーツ」で「変化をつけて」教える

音楽の研究授業を、何度か見たことがある。おおよそ、次のように展開されることが多かった。

①既習の歌を歌う
②本時に扱う歌（リコーダー）の学習
③音楽ワークなどを使って、まとめる

このうち「本時に扱う歌（リコーダー）の学習」がメインであり、この学習に三〇分以上を費やす。三〇分以上も何をやっているのか。その多くは、「教師の説明」である。

「この部分は、もっとやわらかく歌うのよ」「リコーダーの音がピーンと鳴っているから、強く吹かないようにしましょう」「ここのフレーズ、どんなふうに歌えばいい？」など、説明は続いていく。

私が見た研究授業は、遅いテンポが延々と続いた。もったりとしていたのである。

遅いテンポのもったりとした授業は、ＮＧ指導である。

脳科学者の平山諭氏は、次のように言われている。

楽しいことは飽きるので、変化を求めるということだ。とくにADHD傾向のある人は、ドーパミン量がシナプスで低下するので、変化のある（刺激的な）授業が大好きである。授業に夢中になる理由はそこにある。五〜十分ぐらいで、変化をつける授業が効果的だ。

（『満足脳を作るスキルブック』ほおずき書房、三三頁）

同じ内容の活動を三〇分も続けていたら、子どもが飽きるのは当然なのである。
私が音楽を担当していた時、次のように授業を進めていた。

①リズム遊び（リズムカレンダー、ふしづくり　など）
②既習の歌を「一番だけ」四〜五曲歌う
③リコーダーリレー（教師がピアノで弾いた音を、リレー形式で次々と吹いていく）
④リコーダーと鍵盤ハーモニカで演奏
⑤インの学習（メインの学習は、二パーツ・一〇分をあてる）
⑥学級のテーマ曲を歌う（ポップスでも何でもよい）
⑦無の時間（声や音を一切出さずに、その場で静かにするゲーム）
⑧帰りの歌

一つの活動は五分、長くて一〇分。次々と変化をつけることで、子ども達は集中して授業を受けることができていた。この間、教師の説明はほとんどない。子どもがずっと作業や活動をしている。だから飽きないのだ。短いパーツで、変化をつけて授業を進めることで、熱中する授業を保証できる。

二　子どものリズム・テンポに合わせて練習させる

歌やリコーダーを、ゆっくりしたテンポで延々と練習させるのもＮＧ指導である。発達障害の龍馬くんは、次のように訴えている。

> ゆっくりな曲やわらべ歌は、体のテンポが速い僕にとってとてものろのろしているから苦痛になる。
> （『発達障がい児　本人の訴え　Ⅰ』、二九頁）

龍馬くんが「体のテンポが速い」と主張するのは、理に適っている。子ども達の体内リズムは大人よりも速いと言われている。「体内リズムは、幼ければ幼いほど速い」ということが科学的にも証明されているのである。

幼稚園や保育所で行われるフラッシュカードのスピードは、小学校で行われるフラッシュカードよりも格段に速い。幼児の体内リズムが速いからである。

特にＡＤ／ＨＤ傾向の子どもは、ほぼ全員、スピードと変化を求めている。

新しい曲の指導をする時、「ピアノでゆっくりと弾いて、ゆっくりと練習させる」方法がある。もちろん、一回目はゆっくりと、確認しながら練習させる。しかし、このゆっくりの指導を延々と繰り返す場面を見たことがある。子ども達は途中から集中力がなくなり、いい加減に歌ったり演奏したりしていた。ゆっくりとしたテンポで延々と歌やリコーダーの練習をすることは、子ども達の体内リズムを無視したＮＧ指導なのである。

私は、新しい歌の指導を次のようにしている。

①一回目：教科書を見ながら歌を聴く。「歌いたくても歌いません」と指示する。
②二回目：「口ずさみたい人は口ずさみます。聴くだけでももちろんいいです」と指示する。
③三回目：「座ったまま、全員口ずさみなさい」と指示し、小さな声で歌わせる。
④四回目：全員立って、教科書を持って歌わせる。

歌は、ＣＤを流して指導している。いきなり通常の速度での練習となる。この指導で子ども達が困ったことは、ほとんどない。四回目には、大きな声で歌うことができるようになっている。

わらべ歌など、もともとゆっくりした曲は、次のように指導する。


徐々にテンポを上げて歌ったり、演奏させたりする。


ＣＤを使って歌わせたあと、「テンポアップ！」と指示し、テンポを上げて歌ったり、演奏させたりする。どんどんテンポアップさせると、子どもたちは熱中していく。

二〜三回テンポを上げたあと、元のスピードで歌ったり、演奏させたりして曲調を味わわせる。

「子どもの体内リズムは大人よりも速い」ことを知った上で、リズムテンポよく指導していれば、どの子も熱中するのである。

音楽

4 楽器演奏は一時に複数のことがあふれている

絶対NG指導 ▼リコーダーをいきなり階名を見ながら演奏させる。

一 リコーダーの演奏はこんなにも難しい

リコーダーの演奏は、子どもにとって教師が思う以上に難しい。理由は、一時に複数の活動が含まれているからである。

楽譜を見ながらリコーダーを演奏するには、次の活動を同時に行わなければならない。

①階名を書いた譜面を見る。
②指を使って複数の穴を同時に押さえる。
③息を吹き込み、音を出す。

リコーダー演奏には「一時に一事」ではなく四事も五事もの処理が必要である。これをいきなり「楽譜を見て練習しましょう」と指示するのは、NG指導である。

定型発達の子の場合、ワーキングメモリ容量が「7±2」あると言われている。だから、いきなり練習せよと言われても対応できる。

しかし発達障害の子はワーキングメモリ容量が「1か2」しかないと言われている。同時に四つも五つもの事柄を処理することができない。

彼らはいきなり「楽譜を見て練習しましょう」と言われ、やってみて失敗する。その結果、リコーダーに対する苦手意識ができてしまう。

二　一時に一事で読譜力をつける

器楽の学習では、二つの基礎技能が必要である。一つは「読譜力」、もう一つは「楽器の演奏技能」である。この力をつけないまま、すぐにリコーダーを吹かせる指導が多い。特別支援を要する子から、「難しい」「できない」という声があがる。読譜ができなければ、運指の仕方も分からないからだ。

次のような指示で読譜力をつけていく。


【発問指示】
①曲名は何ですか。指で押さえて読みなさい。
②作曲者は誰ですか。
③曲名の下に○を十個書きます。一回歌うごとに赤えんぴつで塗ります。
④この曲は、何分の何拍子ですか。それが書いてあるところを指で押さえなさい。
⑤四拍子ということを表すのは、上の数字四です。○で囲みましょう。
⑥五本の線のうち一番下の線を赤鉛筆の先で押さえなさい。
第一線と言います。言ってみましょう。
⑦一つ上の線を押さえなさい。第二線です。これは「ミ」の音です。言ってみましょう。

（第三線、第四線、第五線も同じように確認する）
⑧第三線に赤線を引きます。引けたら見せにいらっしゃい。
⑨第三線は「シ」の音です。「シ」の音符を赤丸で囲みなさい。

このような発問指示で楽譜を読む練習をしていく。これを四月から、新しい曲を学習する度に繰り返し指導するのである。

この活動を繰り返すことで読譜力がついていく。

三 リコーダー演奏は毎時間短い活動で繰り返し取り組む

リコーダーは、四月から毎時間、指導の時間をとる。まずは、持ち方、構え方である。

①椅子を後ろにひかせ、机とお腹の間に空間をとる。
②リコーダーを持ち、教科書と同じ姿勢、肘・リコーダーの角度を確認する。

これが、なかなかできていないことが多い。教科書の見本の姿勢を見ながら、毎回確認する。左手と右手が逆になっている児童もここできちんと教師が確認する。

最初は、一音、二音のみで演奏する。「笛星人」という教材がある。例えば、シの音だけで一曲の歌になっている。少しずつシとラ、シラソの音というように使う音を増やしながら、八小節ほどの長さで演奏する。

これを毎回授業の最初に二～三分で吹かせる。短い曲で、簡単に演奏でき、児童の達成感を味わわせることができる。

四　演奏曲はリズムよく繰り返し音符を読ませる

「笛星人」や短い音の繰り返しに二〜三分取り組んだあと、メインの曲を練習していく。

①一段目を読みます。一段目の最初の音符に指をおきなさい。
先生が読みます。その通りに指を動かして行きなさい。
②今度は、指を動かしながら声に出して読みなさい。
③指を動かさず、目だけで追いかけながら読みなさい。
④手でリズムを打ちながら音符を読んでごらんなさい。
⑤リコーダーをあごに乗せて、指を動かしながら音符を読みなさい。
⑥全員起立、一段目が吹けたら座りなさい。

このように「一時に一事」で活動させる。

指でおさえて読む、目で追いながら読む、指を動かしながら読む、というように、一つずつリコーダー演奏の技術を身につけていくようにする。

指導の時間は長くとってはいけない。毎時間五分程度で繰り返し活動していくうちに、指使いも覚えることができる。

五　音が出ない原因は「二人羽織リコーダー」で解決

リコーダーの音が出ない原因は二つ。一つは「指押さえ」、もう一つは「息づかい」である。

どちらが原因なのかを、次のような「二人羽織リコーダー」で診断する。

リコーダーの歌口から下の部分を一八〇度回転させる。子どもには吹くことだけをさせて、教師が指穴を押さえる。これで音が出れば、その子は「指押さえ」が悪かったということである。きちんと押さえていないところは直してあげると、すぐに音が出るようになる。

音が出なければ、「トゥートゥートゥー」で息を少しずつ出すなど、息づかいの練習をさせる。

二人羽織リコーダーは、おすすめである。

体育

5 なぜルールが守れないのか

絶対NG指導

▼空白の時間が多い。運動量が少ない。
▼ルールがあいまいで明確でない。

一　ポイントは「空白の時間」「運動量」のコントロール

ルールが守れない子の多くは、衝動性が強い子ども達である。

ちょっとした周りの刺激に反応して友達にちょっかいを出したり、競争やゲームに夢中になりすぎてついルールを忘れてしまったりする。

それらは衝動性の強さからくるものであるが、このような行動に出る時の直接的な原因は、「空白の時間が多い」「個々の運動量が少ない」ことにある。

対処法としては、次のことが挙げられる。

空白の時間を生まないようにし、子どもの運動量を増やす。

そのためには、次の二つのことを心掛ける必要がある。

①場の設定を工夫する。
②ルール自体を工夫する。

「場の設定を工夫する」とは、例えば次のようなことである。

(1)走り幅跳びならば、コースを増やす。三〇人いれば六コース程度作る。
(2)ドッジボールならば、「一チームの人数を減らす」「ボールを二個にする」。

走り幅跳びは、待ち時間が多いと遊んでしまう。また、早くやりたいために順番を抜かすようなケースも出てくるだろう。しかしコースが十分確保されていれば疲れるまで取り組むので、友達へのちょっかいなどを出す暇がなくなる。

ドッジボールのようなゲーム性の高い活動は、特に気をつけなければならない。例えば、クラス四〇人を半分に分けて二〇対二〇で試合をすれば、うまくいかないのは当たり前だ。一人ひとりの運動量はほとんどなく、ボールに触れる機会も一部の子以外にはほぼゼロに近いからだ。

これを四人ずつ一〇チームに分ければぼ～っとする暇もなくなり、どの子も活動しなければならなくなる。また、ボールを一個から二個に増やすだけで、子ども達の運動量は格段に上がる。

このような環境設定が必要なのである。

次に、「ルールを工夫する」については、最初からルールを破れないような工夫をすればいいのである。縄跳びの回数競争ならば、ペアにして取り組ませるとよい。回数を数えるのは、ペアの子にすれば、ズルはできなくなる。「相手に数えさせる」「相手と一緒に活動させる」という方法を取り入れることで、必然的にルールを守るようになる。

また、一番ルールを破りそうなところで教師が確認を入れるようにするとよい。

例えば、サッカーボールのコーンあてゲームを行うとする。たくさんのコーンを並べて、だんだん蹴る位置からの距離を長くして難しくしておき、一つ目のコーンにあてたら次のコーンに挑戦していくというゲームだ。

このゲームなら、教師はコーンの後ろにいるだけでいい。あたったかどうかは明白なので、ズルのしようがない。だんだんと進むうちに、教師も移動してその子が挑戦している場所が分かる位置に立つようにする。

このように、教師の立ち位置が非常に大切になってくる。基本は、

全体が見渡せる場所に、常に立つようにすること。

である。子どもに背中を見せないのは、体育では教室での学習以上に必要になってくる。

二 「明確に」「できるだけ早く」

ルールが明確でない場合、「勝負に執拗にこだわる」「負けを受け入れられない」といったタイプの子がルールを守れなくなる。

勝敗がつく「ゲーム」の時には特に気を付ける必要がある。まず、だれが見ても勝敗がはっきりと分かるようにすることが大切である。

さらに、もう一つ大切なポイントがある。

教師が、その場ですぐに、明確に判定すること。

これを子ども達に任せるとトラブルになるので、あくまでも教師が行う。そして「その場ですぐに」というのがポイントである。時間をかければかけるほど、トラブルが起きやすい。

例えばドンじゃんけんであれば、「○○さんがコーンにタッチしました。赤の勝ち」というように、端的に理由を示して、即座に判定する。

さらに、次のことも大切なポイントである。

勝敗を判定したら、即座に次のゲームに移ること。

先ほどのドンじゃんけんであれば、判定した後、間髪を入れず「第二回戦、よ〜い、ピー（始め）」と次のゲームを始めさせる。

こうすれば、前の勝敗にこだわるより、次のゲームに興味が移るので、キレてしまうことがなくなる。

ポイントは、繰り返すが、「できるだけ早く」ということである。全員が用意できるのを待つ必要はない。即座に始めれば、子ども達は急いで準備をするようになる。

さらにゲームの後に、勝敗にこだわる子やキレやすい子に、「今日は負けてもすぐに切り替えていて立派だったよ。すごいな」というようにプラスの声かけをしていくとなおよい。

こうした繰り返しにより、ルールを守らないという行動自体を減らしていくことができる。

体育

6 なぜ起こる? リレーのコースアウト

絶対NG指導

▼「まっすぐ走りなさい」と叱る。

▼何度もやり直させる。ひたすら反復練習させる。

一 「初期感覚の統合」が不十分なのが原因

特別支援を要する子への体育指導は、感覚統合の理論を抜きには考えられない。

まっすぐに走れず曲がってしまう子は、「触覚」「固有感覚（筋肉や腱、関節部の緊張の変化を感じ取る感覚）」「前庭感覚（運動の方向や速度の変化、傾きなどの感覚。平衡感覚とも呼ばれる）」といった「初期感覚」が未発達であると考えられる。

触覚が未発達だとラインを感じ取りにくく、コースアウトが起こる原因となる。

固有感覚が未発達だと手足の力の加減が苦手で、ぎこちない走り方になってしまう原因となる。

前庭感覚が未発達だと姿勢や重心の傾きを感じ取りにくく、まっすぐ走れなかったり、コーナーをうまく回れなかったりする原因となる。

コースアウトをしたりまっすぐ走れなかったりするのは、決して本人の努力不足ではない。ふざけているわけでもない。感覚統合の不十分さによって起こるのである。

よって教師は、うまく走れない子を叱ってはいけない。叱るだけでは何も変わらないからである。叱られるだけ叱られて何も現状が変わらないのであれば、その子はどんどんやる気を失くしていくだろう。そうなってしまっては元も子もない。

教師に必要なのは、

> その子の特性として受け止め、励まし続ける。

ことである。

その上で正しい努力の方向を模索し、その子に示していくことが教師の仕事である。

二　すぐには身につかない

「何度もやり直させる」「反復練習させる」指導。これもＮＧである。なぜか？

触覚・固有感覚・前庭感覚といった初期感覚は、すぐに身につく感覚ではない。だから、成果を急ぐあまり一時間の授業の中で何度もやり直させたり、同じ運動をひたすら反復させたりしても意味がないのである。

そのような指導だと、その子は「苦手なことを無理矢理やらされている」と感じ、体育の授業そのものが嫌いになる可能性が高い。自己肯定感が下がり、やる気をなくしてしまう。大人でも苦手なことを何度もさせられたら気が滅入ってしまうだろう。

大切なのは、感覚統合には時間がかかることを教師が理解し、指導プランを立てることである。

その際のポイントは、

体育の授業の中で毎回、少しずつ取り組ませる。

ことである。

毎時間の体育の授業で取り組むので、簡単で楽しい運動がよい。

初期感覚を育てる簡単な運動をテンポよく、次々と取り組ませるとよいだろう。少しずつ変化をつけられる運動であれば、一年間を通して取り組むことができる。

では、まっすぐ走れるようになるための初期感覚を育てるには、どのような運動が必要なのか。

例えば、次のようなものがある。

①またくぐり 1

四人が脚を開いて縦一列に並び、一番後ろの子から股の下をくぐっていく。

全員の股をくぐったら、先頭に並ぶ。これを繰り返していく。

普段の生活では経験しない運動であり、運動量も多く、友達との接触も体験できる。

②手押し車 1

二人組で手押し車の形になる。

「その姿勢で十秒キープしよう」「手だけで三歩歩いてみよう」など、その子に合った課題にチャレンジさせる。

③ケンケンパ

教師の打つリズム太鼓に合わせてケンケンパをさせる。ラバーリングやラダーを使用してもよいだろう。慣れてきたら、初期感覚づくりの運動に変化をつけて「基礎感覚づくり」の運動に取り組ませる。基礎感覚とは、例えば平衡感覚や逆さ感覚、高さ感覚、腕支持感覚などといった「運動を行うために必要な感覚」のことである。

④またくぐり 2

四人が前屈の姿勢でトンネルを作り、縦一列に並ぶ。あとは初期感覚づくり運動と同じ。

他にも前屈の姿勢で片脚を上げさせたり、ブリッジの姿勢でトンネルを作るなどの変化を加えることができる。

くぐる方も、おへそを上にした姿勢でくぐる、トンネルをくぐらずジグザグで通っていくなどのバリエーションが考えられる。

⑤手押し車 2

手だけで十歩歩く、誰かと出会ったら「こんにちは」と言う、誰かと出会ったらじゃんけんをする、早歩きなど、変化をつけて楽しみながら行う。

体育

7 口頭だけで指導していないか

絶対NG指導
▼一度に複数の技術を指導する。
▼口頭のみでルール・禁止事項を伝える。

一 ワーキングメモリから身体運動の難しさを考える

次のような指示は、何が問題だろうか。

> ハードルを跳ぶ時は、振り上げ足の裏がゴールにいる人から見て見えるように、抜き足のすねは、地面と平行にします。ハードルの間は、三歩か五歩で走ります。

これは一度に複数のことを教えているのが問題なのである。この指示は次のように分解できる。

> ①振り上げ足の上げ方（足の裏が前方に見えるようにする）
> ②抜き足の上げ方（すねを地面と平行にする）
> ③ハードルの間の歩数（三歩か五歩）

これら三つのことを指導しているので、子どもは一度に三つのことを覚えておく必要があり、これだけでも難しい。

さらに、それを体で表現しないといけない。意識したことを体で表現しようとすると、一度に一つのことが限界である。そしてそれを上手に行おうとすると、それだけを何度も練習しなければならない。

だから、三つの内容を一度に指示すること自体、意味のないことなのである。

脳の働きで考えてみる。

まず、必要な情報を記憶から取り出し、一時的に置いておくのが、

ワーキングメモリ（作業をするための領域）

である。記憶から取り出した情報はどの程度、保持できるか？　通常、ランダムな数字であれば一時的に七つ前後、覚えられると言われている。

しかし特別支援を要する子どもは、一時的に覚えられる量が少ない。だから、一度に多くの指示を出すのはよくないのである。

次に、運動と記憶の関係について考えてみる。

例えば、サッカーのインサイドキックを例にとってみよう。このキックは、日常ではほとんど行われない足の動きである。だから、経験のない子が最初に行う時には、非常にぎこちない動作になる。

その時は、ワーキングメモリを使って、正しい蹴り方を自分の脳で確かめながら行っていることになる。その状態で、チームの作戦をこなそうとすると、ワーキングメモリ内では、「蹴り方」「作戦」の二つを同時に処理しなくてはいけない。結局、どちらも成功しないということになる。

つまり、一つのやり方がある程度習熟するまで、他のことは脳に入れないようにした方がいいのだ。

一方、サッカーの選手は、インサイドキックの蹴り方にすでに習熟しているので、ワーキングメモリ内に、「どうやって蹴ればいいのか」などという情報は出てこない。だから、「どこに蹴るのが効果的か」「作戦をどう使うか」等々を考えてプレーすることができるのだ。

このように習熟した技術は小脳に収められる。小脳に入力されると、行動が自動化できる。そのような状態になるまで次の指示を行うべきでないことは、脳の特性からも説明できる。

二 視覚で示し、イメージをもたせる指示

①実際にやって見せる

発達障害の龍馬君は、次のように訴えている。

> 陸上練習で、口で「こうやって。」と言葉だけで指示されて、分からなくてできなかった。実際にやって見せて、「ここまでやるんだよ。」と距離も示すことで理解できるようになる。
>
> (『発達障がい児 本人の訴え Ⅰ』、三六頁)

自閉スペクトラム症の子どもの多くは、視覚の方が優位で、聴覚からの入力を苦手としている。耳の聞こえは正常なのだが、耳だけで情報を聞いても覚えられなかったり、理解できなかったりするのだ。そうなれば、混乱したりイライラしたりするのは当たり前のことだ。

龍馬君はまさに「実際にやって見せてほしい」と、視覚情報があることで理解できることを示してくれ

ている。

②ルールをイラストや写真で提示し、短い文を添える

例えば、次のようなことがある。

> トラベリングは、ボールを持って、三歩以上歩くこと。

口頭のみでルールを説明された場合、聞いただけではすぐに忘れてしまう。特にゲームや練習などの興奮状態の中では、思い出すことは難しい。

そこで、次のようにする。

> ⑴ルールや禁止事項をイラストや写真で示して、守るべきことを短い文で記入する。
> ⑵実際にやって見せて、その動作をイメージさせる。
> ⑶子どもにも同じようにやらせて実感させる。

このように行えば、どの子も理解できるようになる。

さらに、ゲームや練習の中で、「トラベリングなのか、そうでないのか」をフィードバックすれば、さらに体感できるようになる。その場合は、その場ですぐに伝える必要がある。時間がたてば、その感覚は消えてしまうので思い出せなくなる。それでは効果がない。

体育では常に、口頭だけでなく、視覚に訴えるように指示することが大切である。

体育

8 失敗体験では成長しない～大切なのは運動量～

絶対NG指導

▼体育の時間なのに運動量が少ない。
▼成功体験よりも失敗体験をさせている。

一 授業時間をフル活用して運動量を確保する

体育には、子どもの体の発達を促す大きな役割がある。そのためには、授業の中で、できるだけ多くの時間を運動にあてたい。運動量が少ない授業は、体育の役割を放棄しているのと同じである。

運動量の確保という点で考えると、次のことが重要になってくる。

①感覚つくり

体育授業の大切な柱の一つとして、「感覚つくり」がある。

> 「感覚つくりの運動」は、基礎的・基本的な動きの感覚を身に付けるために有効な運動であり、授業のはじめに取り入れることが大切です。
> （『学校体育指導資料第46集「感覚つくりの運動の手引」』茨城県教育庁学校教育部保健体育課）

感覚づくりは、子供の発達にとってきわめて大切な内容である。感覚は育てるものだから、時間がかかる。また、繰り返し繰り返しの経験が重要になってくる。

ところが、次のような光景をよく目にする。

授業の初めに、「きちっと並びなさい」「前ならえができていない人がいます」と教師の怒鳴り声が聞こえる。授業が五分、一〇分と平気で遅れ、ひどい時には一五分、二〇分も体育の時間がなくなる。

いきすぎた整列指導は、授業時間を削る。当然、運動量が少なくなる。

毎時間、毎時間これが続けば、一年間でどれだけの時間を整列で費やすことになるだろうか。考えてみると恐ろしい限りである。

この整列にかかる時間の間に、感覚つくりの運動を行うようにすればよい。

②チャイムと同時に、運動をさせる

授業開始のチャイムと同時に（もしくはチャイムが鳴る前から）運動を始める。

遅れてきた子は、そこからみんなと同じ運動に入ればよい。このようにしていけば、だんだんと子ども達の準備は早くなってくる。遅れている子を待って始めるから授業開始が遅れ、授業の最初に子ども達を注意することになるのである。

例えばハードルの授業を行う場合、多くのクラスは次のような流れで授業を進めている。

①整列する（何度かやり直しがあって時間がかかる）。
②先生の話を聞く（説明や話が長いことが多い）。
③準備体操をする（多くは体操やストレッチ）。
④必要な用具を取りにいく（ハードルの準備）。

チャイムと同時に運動を始めると、この間に次の運動を行うことができる。

①ジャングルジムに上って下りる。
②雲梯（うんてい）をする。
③鉄棒で三種類の技を行う。
④「カエルの足うち」「ブリッジ」「足あげ腹筋」。
⑤二人組になって、「けんけんジャンケン（勝ったら足を変える）」「馬跳び」「手押し車」。
⑥班でハードル一台をもってきて、できたところから跳ぶ（一人一〇回以上は跳ぶ）。

ここまでやって、やっとハードルの準備にかかる時間である。

これが、一年間続くとどれだけの差が生まれるだろうか。

二 目標・ルール設定の工夫で成功体験を増やす

発達障害の龍馬くんは、次のように訴えている。

> 体の能力の発達は、年齢に対して遅れている。器用な動きができないため、手足のコントロールができない。できるレベルの所で一緒に活動する。
>
> （『発達障がい児 本人の訴え Ⅰ』、三四頁）

体育の時間に、特別支援を要する子どもが他の子よりも失敗体験を多くしてしまうのは、体の能力の発達の差があるからである。

だから、発達の差を埋めるための対策をしなければならない。

①子どもに応じた目標を設定する

これは、特別支援を要する子どもに限ったことではない。

例えば、準備運動で「のぼり棒を一番上までのぼりきること」を行うとする。全員に指示を出していても、例えば、体重の重い子どもではできないこともある。その場合は、「半分までのぼる」ことを目標にすればよい。「一〇秒間ぶら下がる」という目標があってもよい。

あるいは、子ども自身に目標を決めさせてもよい。「上までコース」「真ん中コース」「ぶらさがりコース」など、例を示して決めさせる。何回も行っていくうちに、だんだんとできるようになっていく。

②特別ルールの設定

できる喜びを体感させるには、特別ルールの設定が必要である。バスケットボールで考えてみる。

トラベリング：三歩でファール　↓　五歩でファール
シュート　　：入れば二点　　　↓　入れば五点、ボードに当たれば一点

このようにすれば、バスケットボールが不得意な子でも、どんどんシュートを打てるようになる。

また、「全員にパスがわたってからシュートを決めたら、ボーナス三点」「全員がシュートを決めたらボーナス一〇点」などのルールも考えられる。

これなら、運動が得意な子だけが活動するゲームにはならず、苦手な子も必然的に運動量が増えていく。

図画工作

9 スケッチは、教師の一工夫でできるようになる

絶対ＮＧ指導 ▼「よく見て描きなさい」とだけ言う。

一 描けない原因の一つは空間認知能力の低さ

風景画や自画像、生物をスケッチさせる時に、「よく見て描きなさい」と言って終わりという教師がいる。それまでの経験でさっと描く児童もいるが、描けない児童もいる。机間指導をして、まだ描きはじめていない児童のそばに行き、「よく見て描くんだよ」と言っても描けない。まわりの児童はどんどん描き進めてゆく。

そこで「先生と一緒に描こうか」と児童の手を持って描いたり、指で示してなぞらせる。すると、最終的に児童が描いたのか先生が描いたのか分からない作品が出来上がることになる。これでは力がつかず、次に同じような課題があった時に、また先生と一緒でないと描けない。

なぜ描けないのか。

それを明らかにしないと、そもそも指導はできないのである。

「よく見て描きなさい」だけでは、なぜ描けないのか。

その原因の一つとして挙げられるのが、自閉スペクトラム症をはじめとする児童達の空間認知能力の低さである。

空間認知能力とは、

自分自身の身体の真中・左右・上下を知覚したり、身体の部分的な動きを知覚すること、また外界での左右・上下・前後・遠近・接離などを知覚すること。

（国立特別支援教育総合研究所　発達障害教育推進センターHP）

である。多くの自閉症児はこの能力が弱く、漢字等の複雑な文字を書けなかったり、ちょっとした段差で転んだり、机に体をぶつけてしまったりする。大人でも地図を読むのが苦手な人がいるが、この能力が弱いためである。

一般には外部または内部から受けた情報を感覚器官から取り込み、その情報が脳に送られる。脳はその情報処理を行い、どのような体の動きをすればよいかの指令を出し、体の各部位がその指令にそった動きを行う。こうした一連の情報の流れを感覚という。

自閉スペクトラム症はこの神経ネットワークがうまく働かない脳の機能障害なので、「よく見て描きなさい」と言われても、そうした児童は対応ができないのである。

物を見てそのまま描くことはすごくたいへんです。／平面（写真や図）を見て描くことは出来るけど、実際の物を見て描くことは全く出来ず、いつも平面の絵になってしまいます。／風景や植物を描いたりするとき、まず写真に撮って、長さを計りながら、定規を使って描いたほうが描きやすいです。でも実際は許可されません。ちょっと困っています。

（『発達障がい児　本人の訴え　Ⅱ』、三八頁）

この竜馬君の訴えに対し、平山氏は解説において、

> 実際の物体は3次元の立体像なので、描き方（遠近、陰影）などを学習しなければ描くのは難しい。
> （同書、三八頁）

と述べている。逆に言えば、酒井式描画法のように「描き方を教える」ことで描くことができるようになる可能性がある。どこから描きはじめるのか、どうやって描くのか、算数の図形の作図のように方法を教えることで、自力で描くことができるようになるのである。

アメリカの書店の教育書コーナーには、スケッチのさせ方の本が複数、並んでいる。それらの多くの本は、例えば顔の描き方なら、一つ一つスモールステップで描く手順を示している。また犬や猫などの動物、建物、乗り物なども同じように分解して描くステップが示されている。酒井式描画法とそっくりである。

二 教科を超える感覚統合教育の力と効果

学習指導要領（平成二九年告示）解説・図画工作編には、

> 障害のある児童などについては、学習活動を行う場合に生じる困難さに応じた指導内容や指導方法の工夫を計画的、組織的に行うこと。

とある。デジカメでスケッチする対象を撮影して印刷したり、定規を使わせたりすることは、合理的配慮として認められるべきである。

合理的配慮や指導の工夫については国立特別支援教育総合研究所の「インクルーシブ教育システム構築

支援データベース」に詳しい。

実際の場面では、保護者と合意の上、他の児童との兼ね合いを考慮して指導することが大切である。

加えて、空間認知能力そのものを鍛えることも長い目で見ると必要になる。空間認知能力は大きく分けて前庭覚と固有覚の二つの感覚を育てることで高まる。

1　前庭覚……平衡感覚や筋肉の調節機能を司る。

この感覚はブランコやトランポリンなどの運動を行うことで高めることができる。

2　固有覚……位置関係の把握を司る。

この感覚はアスレチックやジャングルジムなどの道具を使った運動を通して高めることができる。

このようにして、特別支援が必要な児童も自力で絵を描けるようになる。感覚を鍛えることは、教科を超えて、子どもができるようになることに繋がっているのである。

【その他の参考文献】

根本正雄編・小野隆行指導『発達障害児を救う体育指導——激変！感覚統合スキル95』学芸みらい社、二〇一七年

家庭

10 裁縫が苦手な子

絶対NG指導 ▼個別指導に時間がかかりすぎる。

一 発達性協調運動障害とは

裁縫指導で最初につまずきやすいのは、次の三つである。

「糸通し」「玉結び」「玉どめ」

このうち「糸通し」は、専用器具もあるのでクリアしやすい。最近では針の頭部分がV字で、溝に糸をあてて引き下ろすと糸が通るバリアフリータイプの縫い針（セルフ針）も販売されている。

発達障害の子どもの特性として、

手先が不器用で、字を書くのが下手、姿勢が悪い、バランスが悪い、歩き方・走り方がぎこちない（発達性協調運動障害）など、運動面の不器用さが子どもによく見られる。

（『発達障がい児 本人の訴え Ⅱ』、三五頁）

二〇一三年、第一一〇回「日本小児精神神経学会」で「発達性協調運動障害（DCD:Developmental

Coordination Disorder）」がテーマとして取り上げられた。

このことにより、それまで「人並外れて不器用な子ども」、「運動が極端に苦手な子ども」、そして、「より多くの指導が必要な子ども」として捉えられてきた子どもたちは、発達障害の一つである「発達性協調運動障害」をもつ可能性が知られるようになった。

鈴鹿大学・鈴鹿大学短期大学の研究では、子どもが自分のからだを上手に使うためには、

①からだを知る
②力加減を知る
③動きを変えること
（田中利佳、新友宏「からだの使い方がわからない子どもたちへの運動支援に関する調査」『鈴鹿大学・鈴鹿大学短期大学部紀要　健康科学編』第二号、二〇一九年、四八頁）

が必要であるという結果が出ている。

二　有効な指導の工夫とポイント

六年生の裁縫の授業になって、「できない」と告白する子が多い。

五年生で習得しないままでいると、六年生で改めて教える時間数が少ないため、そのまま放置されてしまうケースもあるのだ。

おすすめの方法の一つを紹介する。

①赤いフェルトを用意する。
②いちごの形に切る（チャコペン、はさみの使い方指導にもなり一石二鳥！）。
③玉結びと玉どめで、いちごの表面のつぶつぶを作る。

つぶつぶの量は早い子どもならたくさんになるだろうし、少なくても問題はない。

拡大した指導用見本、教材提示装置等を使って、教師が手元の様子を見せる。

それでも分かりにくい子どもは教師の近くに集め、教師がやっている手本を見せながら、一緒にその場でやってみる。

できるようになるための指導ポイントは、

個別評定

である。その後、各自で練習させて、個別評定をする。

個別評定とは、

誰がよくて誰がわるいのかを評定せよ。（向山洋一『新版 授業の腕を上げる法則』学芸みらい社、四八頁）

ということである。何が良くて、何が悪いのかを明確に示し、できるまで指導をするのが教師の役割なのである。

さらに、

ペアでやってみて、先生に見せて、二人とも合格になること。

などと工夫することもある。

一人ずつ見ると、教師が直接指導できる利点もあるが、時間がかかりすぎるという問題が生じる。ペアで持ってくることにより、教師がチェックする時間が半分になる。

ペアの組み方次第では、一人がもう一方に教えることも期待でき、教師の負担が減る。教えた子はしっかり褒められることで自信も付くだろう。

裁縫は、本人にとっては発達性協調運動障害のために動作に困難さを伴うのだが、周りの友達や教師の眼には「努力していない」「言うことを聞かない」子どもとして映ってしまうことが多い。そのため、叱られたり無意味な繰り返し練習を強要され、負のスパイラルに陥ることが考えられる。

そのような指導ではなく、どのような指導をするべきを、しっかりと考える必要がある。

第5章
〈人間関係・行事〉編

1 WISCで「言語理解」が低い子ども

絶対NG指導 ▼言葉だけで説明をしたり、指示をしたりする。

｜WISCで言語理解が低い子どもの特徴

WISCは「児童向けウェクスラー式知能検査」のことで、現在、日本における最新版はWISC-Ⅳである（アメリカでの最新版はWISC-Ⅴ）。

この検査では、全般的な知的能力を表す「全検査IQ」と四つの一次指標値によって子どもの状態を見ることができる。四つの一次指標値は次のものである。

- ・「言語理解指標」（VCI）……………言語の理解力・表現力を表す。言葉による推理力・思考力、習得知識の量を表す。
- ・「知覚推理指標」（PRI）……………非言語での理解力・表現力を表す。例えば、図形の認知や描画、漢字書字、片付けなどにおける模倣、選択であり、非言語（視覚、直感）による推理力・思考力を表している。
- ・「ワーキングメモリ指標」（WMI）……聴覚による、作業中の一時的な記憶保持の能力を表す。口頭指示の聞き取りや復唱をする。注意力や集中力も表す。
- ・処理速度指標（PSI）…………………視覚刺激を速く正確に処理する力を表す。また、注意の持続性や視覚運動の協応、視覚的なワーキングメモリなどを表す。

この言語理解の得点が低い子どもはどのような特徴をもつのだろうか。次のような特徴があると言われている。

・言葉による理解が苦手である。
・言葉による表現が苦手である。

例えば、教室の中では、次のような行動が起こる。

・感心があることについては集中して聞くことができるが、話が長くなったり、感心の薄い内容であったりすると集中がそがれやすく、聞き漏らしが目立つ。
・話したいことがあっても。適切な言葉がとっさに出てこず、言葉に詰まることがある。
・ジェスチャーを多用する。
・内容を順序立てて伝えることが難しい。
・話しているうちに話題が逸れてしまい、何を話していたのか分からなくなる。

このような子どもに、視覚的な手がかりを使わずに言葉だけで説明をしたり、指示をするとどうなるだろうか。当然、説明や指示の意味が分からず、活動が難しくなる。

二　有効な指導法

このような子どもの指導はどのようにすればよいのだろうか。

有効な手立てはいくつかある。

1　視覚的な手がかりを与える

例えば、言葉だけで説明するのではなく、イメージできるイラストを入れたり、実際にやって見せるとよい。教材提示装置なども有効である。何か作業を行う際に、実際にやっている様子を見せると、言葉では分からなくても、理解できる。

2　指示の内容を板書する

このような子どもの場合、口頭での指示は理解しようとしている間に忘れてしまう。

黒板に指示の内容を板書しておくと分かりやすくなる。その際の指示の言葉は短くするのがポイントである。例えば、テストなどをする場合には次のように板書する。

①テスト→②見直し→③出す→④読書

何をどの順番でするのかを、ちゃんと理解できる。

3　前もって学習や活動の見通しを示す

このタイプの子どもは、内容を順序立てて伝えることが難しい。「一時に一事」で順序立てて指示や説明を行うことに加え、前もって学習や活動の見通しを示すようにする。先ほど述べたように、イラストなどの視覚的な手がかりを与えたり板書を残したりすることで、さらに分かりやすくなる。

4　語彙や言語での表現力をアップさせるトレーニングを行う

語彙や言語での表現力をアップさせる取組も必要である。それには「クイズ」なども有効である。「それは『ワン』と鳴く動物です。何でしょう?」

このような簡単な活動も、語彙を増やしていったり、言語による表現力を増やすことにつながる。また、通級指導の活用も考えられる。言語の通級指導教室が多くの都道府県では整備されているので、個人に適した教室を利用するのも、有効な手立ての一つである。

近年、母語が日本語ではない子どもも増えている。このような子どもの場合、言語理解だけが低いというような結果が現れることが多い。母語が日本語の子どもでも、言語理解が低い子どもは、母語が日本語ではない子どもと同じだと考えれば分かりやすい。そのような場合にどう対応すればよいかを考えれば、必要な手立てを見出すのが容易になるだろう。

2 WISCで「知覚推理」が低い子ども

絶対NG指導
▼視覚情報だけで説明をする。
▼活動の見通しをもたせない。
▼「まわりを見て動きなさい」。

■ WISCで知覚推理が低い子どもの特徴

WISCの知覚推理の得点が低い子どもはどのような特徴をもつのだろうか。次のような特徴があると言われている。

・視覚による理解が苦手である。
・活動の見通しがもちにくい。

例えば教室の中では、次のような状況が起こる。

・音読が苦手である。単語や文を読むことが難しい。拾い読みをしたり、言葉を間違った場所で切って読むことがある。
・文字を正しい形で書くことができにくい。

・算数の文章題が苦手である。文章題から必要な情報を読み取ることができない。読めたとしてもどのように解けばよいかが分からない。
・算数の図形問題がとても苦手である。
・状況を把握して行動することが苦手である。
・よく物にぶつかり怪我をする。

なぜ、このような状況が起こるのだろうか。

二 知覚推理の能力とは

ＷＩＳＣの知覚推理で表される能力とはどのような能力なのだろうか。

空間認知の能力

知覚推理では、空間認知の能力が測られている。空間認知とは、空間の中のどこに何があるかや、物が飛んでくる方向など、空間の関係を理解・記憶し、それに基づいて行動したり判断したりする能力である。三次元だけでなく、二次元の能力も含まれる。この能力が低いと、よく物にぶつかったりする。また、図形問題が苦手である。

漢字などの文字が苦手なのも空間認知の能力が関わっている。漢字の一画一画がどのように交わったり配置されているのかを理解することが苦手なのである。

このような子に、漢字が書けないのは本人の努力不足として、何度も書かせる指導をしたらどうなるだろうか。当然、何度やってもできるようにはならないだけでなく、子どもは漢字が嫌いになっていくだろう。

目で見た情報を理解する能力

目で見た情報を理解することも苦手である。そのため、音読がうまくできない。通常私たちは、文字を見た場合、無意識のうちに言葉のまとまりを捉えている。

しかし知覚推理が低い子どもは、それが難しい。そのため拾い読みになったり、間違った場所で言葉を切って読んでしまったりする。

また、算数の文章題などでは、問題文は読めたとしても、内容の理解ができにくい。そのため問題場面をイメージできず、文章題の解法を考えることが難しいのである。

流動性推理能力

流動性推理能力とは、初めて経験するような新しい場面に遭遇した際に「どのように行動すればよいか」「どう対処すればよいか」などを考え、行動する能力である。具体的には、推論する力、思考力などが関係する。

この能力が低いため、初めての活動などでは見通しがもちにくく、どうしてよいか分からずパニックになったりするのである。また、状況を把握して行動することも難しい。

このような特徴が、知覚推理が低い子どもにはある。

しかし、普段の会話などではきちんとコミュニケーションが成立するため認知面の弱さに気付きにくい傾向がある。

三　有効な指導法

> 文字の構成を言葉で説明したり、語呂合わせをする。

漢字などを学習する際には、言葉で説明をするようにする。例えば「親」という字なら、『「立」「木」「見」が合体してできています』などのように説明するようにする。加えて、構成要素を使って語呂合わせにすることもできる。「木の上に立って見るのが親」などのようにするのである。

文字を指導する際には、体の動きを加えることで記憶しやすくできることもある。指で机の上に漢字を書く「指書き」が有効である。その際には、通常のドリルの文字の大きさでは把握しにくいことも考えられるので、拡大コピーを用意するとよい。

> 活動の見通しをもたせてから活動させる。

初めての活動では、見通しや手順、ゴールを説明し、不安にさせない配慮が必要となる。活動で次の手順に移る際には、「次はこれをするよ」などと声かけをするとよい。

言葉による説明を付け加える。

「見て考える」活動では、言葉による説明を付け加えることで分かりやすくなる。

WISC

3 WISCで「ワーキングメモリ」が低い子ども

絶対NG指導 ▼口頭だけで複数の指示を出し、把握していないと聞けていないと叱る。

― WISCでワーキングメモリが低い子どもの特徴

ワーキングメモリが低い子どもは次のような特徴があると言われている。

・耳からの情報を一時的に記憶し、その情報を保持するのが苦手である。

教室の中では、次のような状況が起こる可能性がある。

・聞き漏らしが多い。
・複数の指示を出すと混同してしまう。
・話したいことがあると、他の人が話していても割って入ることがある。

・話をしているうちに、話題がずれてしまう。
・作文を雑に書いてしまう。丁寧に書くように言っても、「丁寧に書くと、書きたいことを忘れてしまう」などのように言う。
・見通しをもって動くことが苦手で、計画性がない。
・忘れ物や落とし物が多い。
・授業中に指名すると、「答えを忘れました」と言うことが多い。

なぜ、このような状況が起こるのだろうか。

二 ワーキングメモリの能力とは

ＷＩＳＣのワーキングメモリの指標は、どのような能力を測っているのだろうか。

耳からの情報を一時的に保持する能力

ワーキングメモリとは、目や耳からの情報を一時的に保持する能力である。作業や動作に必要な情報を一時的に記憶・処理する。ＷＩＳＣのワーキングメモリの指標は、この中の耳からの情報を一時的に保持する能力を表している。

例えば、誰かにインタビューしたことをメモする場合のことを考えてみる。インタビューの相手が話したことを、私たちは一度頭の中に保存した後、メモをするという行動をしている。

特別な支援を必要とする子どもは、このワーキングメモリに保存できる情報の量が少ないことが報告されている。そのため先生の話などの聞き漏らしが多くなったり、複数の指示を出すと混同してしまったりする。また、話をしているうちに元の話題を忘れ、話題がずれてしまったりする。

話したいことがあると、他の人が話していても割って入るのも、話し終わるのを待っていると、話したいことを忘れてしまうため、そのような行動に出ているものと考えられる。

また、ワーキングメモリは次のような能力にも関係している。

暗算などの計算や、作文など文章を書く能力

例えば、23×4の計算を暗算ですることを考えてみる。私たちは、頭の中でまず3×4の計算をして、その答えの12を一時的に覚えておきながら、2×4の計算をして、答えの8と先ほどの繰り上がりの1を足すという計算をすることになる。

このように、口には出さなくても頭の中で言葉を使って計算し、その情報を覚えておきながら、答えを出している。この能力もワーキングメモリは測っている。だから、暗算をさせると間違いが多くなることがある。そのため、いつまでも指を使って計算しているということも多い。

また、作文も同じである。作文を書く際には、まず一度頭の中で文章を作り、それを保持したまま文章に書くという動作をしている。ワーキングメモリが低い子どもはこの行動が難しい。そのため「丁寧に書くと、書きたいことを忘れてしまう」というような状況が起こっていることが予想される。

他の能力にもワーキングメモリは関係している。それは、

見通しをもって動くことや計画を立てて実行する能力

である。
　ワーキングメモリの能力の一つに、実行機能と呼ばれるものがある。これは、計画を立てて実行したり、見通しをもって動いたりする際に働く能力である。ワーキングメモリが弱い子どもは、この能力も弱いため、見通しをもって活動することが難しいのである。

三　有効な指導法

一時に一事の指示

　一度にたくさんのことを言うと、覚えておくことが難しい。一時に一事の指示を行い、できているかどうか確認をする。その繰り返しで指導していくことが大切である。

簡明な指示や説明

　指示や説明をする際には、なるべく短く簡潔にする。

大事なことは繰り返す

大事なことを説明する際には、二度三度と繰り返すようにする。また、意味づけを行うことも有効な指導法である。年号などは、語呂合わせにするなどして覚えさせるようにする。

一度に覚える量を減らす配慮も必要である。何度も反復して復習させることで、学習内容の定着ができるようになる。

WISC

4 WISCで「処理速度」が低い子ども

絶対NG指導

▼板書をたくさんノートに写させる。

▼書くのが遅いのを叱責し、急がせる。

― WISCで処理速度が低い子どもの特徴

WISCで処理速度の指標得点は、次のような力を表している。

- ・視覚情報を早く正確に判断し、その結果を早く正確に書く力。
- ・目で見た情報を一時的に保存する能力（視覚性ワーキングメモリ）。
- ・注意を持続させる力。
- ・思考を切りかえる能力。

そのため、この得点が低い子どもは、次のような特徴がある。

・読み書きが困難である。
・思考の柔軟性が乏しい。
・思考の切りかえが難しい。

教室の中では、特に次のような状況が起こりやすい。

・板書を写すことが難しい。
・課題を終えるのに時間がかかり、急がされるとミスが増えたり、乱雑になったりする。
・パニックになると立て直すことが難しく、時間内に作業を終えることができなくなる。

なぜ、このような状況が起こるのか。

板書を写す際、私たちは目で黒板を見てその情報を読み取り、それを頭の中に保持したままノートに書くという作業を行っている。

処理速度が低い子どもは、黒板で見た情報を脳内に留めておける量が少なかったり、留めておける時間が短かったりする。そのため、板書を写すのに非常に時間がかかったり、書き間違えたり、書く内容を飛ばしてしまったりするのである。

課題に時間がかかるのも同じような理由からである。例えばテストを受ける際には、テストの問題文から読み取った情報を脳内に保持しながら、解き方を考えていく。処理速度が低い子どもは、この作業に時間がかかる。急がされると、ミスへと繋がる。

また、思考の切りかえが難しいので、一度パニックになると、なかなか元に戻ることができにくい傾向もある。

もし、そのような子どもに、板書をたくさんノートに写させる指導を行ったらどうなるだろうか。当然、なかなか写すことができず、だんだん勉強が嫌になるはずである。学習の遅れも招くことになるだろう。

さらに、それを叱責されるとどうなるだろうか。余計にパニックを起こし、課題に取り組むことが難しくなる。子どもに急がせようとしてすることが、子どもを苦しめ、勉強嫌いにさせる結果となってしまうのである。

二　有効な指導法

では、どのような指導を行うのがよいのだろうか。次のような指導が有効である。

> 書く負担を減らし、せかさないようにする。

「書く」という行為が難しい子どもなので、書く量を減らしたり、書くための時間を十分に与えたりするなどの配慮が必要である。テストなどでは、解答時間を長く与えることも必要となる。

計算ドリルなどでは、問題数を減らしたりすることも必要となるだろう。漢字の練習ではたくさん書かせるのではなく、

指で机の上に漢字を書かせる「指書き」を行う

などの指導が有効である。
作文などでは、量ではなく、質を評価するとよい。
加えて、板書をさせるのではなく、

板書の内容をあらかじめ印刷したプリントを用意し、配付する

ことも非常に有効である。

ICレコーダーやデジタルカメラの活用

も、非常に有効であろう。例えば、板書を写すのではなくICレコーダーで録音できるようにすることや、板書をデジタルカメラで撮影するようにすれば、大きく負担を減らすことが可能である。

時間の使い方の指導。

一つ一つの課題に時間がかかるので、限られた時間内にいくつもの課題を行うことは難しい場合がある。そのような場合に、何からどう優先順位をつければよいのかを伝えてあげることが必要である。

また、テストなどでは、時間配分について助言したり指導したりするとよい。

前面掲示を減らす。

前面掲示を無くしたりするなど、注意を持続できるような環境面の配慮も大切となる。

TOSSでは、このような子どもに対応できるように『あかねこ漢字スキル』『あかねこ計算スキル』、書くトレーニングができる『うつしまるくん』（全て光村教育図書）などの教材を開発している。

問題数を減らしたり、書く量を減らしたりする工夫がたくさんある教材である。

ぜひ、活用して処理速度が低い子にも学力を付けていきたい。

行事

5 運動会練習

絶対NG指導 ▼大きな声で怒鳴る。

一 大きな声で怒鳴る指導がNGである理由

運動会の練習などでは、よく大きな声で怒鳴る指導をしている教師がいる。これは絶対にNGな指導である。

そもそも、怒鳴る指導は「言葉による虐待」である。熊本大学とアメリカのハーバード大学との協同研究によって、怒鳴るなどの「言葉による虐待」は、脳の発達に悪影響を与えることが分かっている。

物心ついたころから暴言による虐待を受けた人を集めて脳を調べた結果、スピーチや言語、コミュニケーションに重要な役割を果たしている大脳皮質の側頭葉にある「聴覚野」の一部の容積が増加していたという。脳に変形が認められたのである。これは簡単に言えば、怒鳴る指導は聴覚に障害をもたらすことを表している。

それだけではない。同じ研究によれば、脳の発達にも悪影響を及ぼし、刺激が適切に伝わらなくなる。つまり、知能や理解力の発達にも悪影響を及ぼすのである。

二 愛着障害の可能性

愛着障害という言葉をご存じだろうか。愛着障害は、対人関係の不器用さや心の不安定さがあり、その原因が愛着の問題にあると思われる人を広く指す言葉である。ネグレクトや虐待などによって引き起こされると考えられている。

このような障害をもつ子どもの場合、例えば次のような症状が見られる。

- ・多動。
- ・大人の反応を試すような行動に出る。
- ・感情のコントロールが難しい。

このような子どもに、怒鳴る指導を行うとどうなるのか。余計に反発したり、わざと悪い行動に出ることがある。状況を逆に悪化させてしまうのである。ひどい場合には二次障害を招いてしまうこともある。

三　聴覚や触覚などの過敏性

特別支援が必要な子どもの多くは、聴覚や触覚などに過敏性がある。

女の人の甲高い声や男の人の大きな声は、耳元でドラを鳴らされたように大音量で響いて聞こえてしまう。そのような状況では、逆に指示はほとんど聞き取れず、子どもが冷静に行動することが難しくなってしまう。

四　気持ちの切り替えが難しい

特別な支援が必要な子どもの多くは、気持ちの切り替えが苦手である。怒鳴られて不快な気持ちになってしまうと、そこからなかなか抜け出すことができない。また、ひどい場合にはフラッシュバックが起こり、本人を苦しめ続ける。

五　極端な考え方をする傾向

発達障害の子どもの中には、極端な思考をする傾向がある子どもがいる。一度嫌なことがあると、「ここは嫌な場所だ」「先生に怒鳴られた自分はもうだめだ」という考えになり、後からいくら励ましても、思考がネガティブな方向へ傾いてしまう。その年だけでなく、来年以降の運動会の練習に参加することが難しくなることもある。

六 そもそもなぜ怒鳴って指導するような状況になってしまうのか

そもそもなぜ、運動会練習で怒鳴るような状況になってしまうのか。

・暑さや疲れで子どもがだらだらしているから。
・日常以上にじっとしていることを要求されるから。
・他の人と同じような動作をすることが難しいから。
・説明が長く、空白の時間が生まれてしまい、子どもが待つことができない。
・先生の指示が分からず、何をしてよいのかが分からない。

他にもいろいろな原因が考えられる。このように原因を考えていけば、対処法も分かってくる。例えば、暑さや疲れでだらだらしているならば、これはどれだけ怒鳴っても休息を与えない限りできるようにはならない。じっとしていることが難しいなら、それは子どもの力ではどうしようもできない状況である。できるだけ動きを取り入れながら指導していくことが大切である。

他の人と同じ動作が難しいのは、自閉スペクトラム症の子どもの特性である。これも怒鳴っても、どうにもならない。

子どもが先生の指示を理解できず、何をしてよいのか分からない場合は、「口頭だけで指示を続けていないか」等々、先生側が自身の指導を振り返り、指示を変えていくことが必要である。

特別支援が必要な子どもは、ワーキングメモリが少ない子どもも多い。スモールステップで、一時に一事で指導していくことが大切である。

また、運動会の指導では、聴覚からだけの指示や説明になっていることが多い。前ページで述べたように、子どもによっては聴覚からの理解が苦手な子どもも存在する。そのような子どもの場合、

プロジェクターで見せることや、スケッチブックなどを使って、視覚からも指示を入れてあげる

と分かるようになる。また、指示をする際には、「穏やかな声で」「子どもに近づいて」「静かな声で」行うことが大切となる。

怒鳴らなくても指導できるようにするために、子どもの特性を理解し、綿密に準備をして指導していくことが大切になる。

【その他の参考文献】

友田明美『子どもの脳を傷つける親たち』ＮＨＫ出版、二〇一七年

行事

6 学習発表会の練習などいろいろな所で大きな音が聞こえる

絶対NG指導

▼「慣れなさい」。

▼どうにかしてその場にいさせようとする。

一 感覚調整障害とは

ある特定の感覚がとても敏感だったり、逆に鈍感だったりすることは、感覚調整障害と呼ばれている。その中でも、感覚がとても敏感で、生活に大きな不便があることを「感覚過敏」、逆に鈍感で不便があることを「感覚鈍麻」と呼んでいる。

自閉スペクトラム症の子どもの多くは、この感覚調整障害をもっていることが報告されている。

Ｅ・ゴメス（Erissandra Gomes）らが二〇〇八年に発表した論文「Auditory hypersensitivity in the autistic spectrum disorder（自閉スペクトラム症における聴覚過敏）」によると、自閉スペクトラム症の子どもの九〇パーセントに何らかの感覚異常があることが分かっている。

また、Ｅ・Ｊ・マルコ（E.J. Marco）らが二〇一一年に発表した論文「Sensory processing in autism:a review of neurophysiologic findings（自閉症における感覚処理：神経生理学的所見のレビュー）」は、九六パーセント以上の自閉スペクトラム症の子どもが感覚の問題をもっていると述べている。

他にも、自閉スペクトラム症の子どもにおける感覚の問題の発生頻度に関する研究は多数ある。研究によって調査方法や、問題ありとする基準が違うことにより、そのパーセントは異なっているが、いずれにしても感覚の問題が多くの自閉スペクトラム症の子どもにあることは事実であろう。

Ｊ・ブロムリー（Jo Bromley）らが二〇〇四年に行った研究「Mothers supporting children with autistic spectrum disorders : social support,mental health status and satisfaction with serbices（自閉スペクトラム症の子どもを養育する母親：社会的支援、精神的健康状態およびサービスへの満足）」では、感覚の問題の中でも、音に対する過敏が七〇パーセント、接触に対する過敏が五四パーセント、匂いに対する過敏が三八パーセント、痛みに対する過敏が二五パーセントであった。

つまり自閉スペクトラム症の子どもの多くが感覚過敏をもっており、中でも音に対して感覚過敏をもっている子どもがたくさんいるのである。

二　音に対する感覚過敏

音に対する感覚過敏とはどのようなものだろうか。

例えば、黒板を爪でひっかく音や、耳元で鳴らされる破裂音が苦手な人は多いだろう。その音を連続して聞かされるとどうだろうか。苦手な人にとっては、不快を通り越して拷問のように感じる人も多いだろう。このような状態が音に対する感覚過敏の状態である。

これに対して「慣れなさい」という指導や「訓練」「練習」という指導が適切だろうか。音に対する感覚過敏は生まれもった性質であるため、「努力」や「慣れ」で何とか克服させようとすることは当人に相当な負担を生じさせることになる。

ただ、苦手な音は個人によって全く異なっている。例えば、

- ・ハンドベルや鉄琴などの金属的な音
- ・アンプから発せられる電子的な音
- ・体育の授業で使用される笛や運動会で使われるピストルの音
- ・和太鼓のような体に響くような重低音
- ・エアコンの音
- ・蛍光灯の音

など、多岐にわたっている。一般的には気にならないような音が苦手な人も存在する。それだけではなく、

音量が大きいこと

が苦手な人も存在する。また、

たくさんの音が聞こえる中で、必要な音だけを見分けることが難しい子ども

も存在している。例えば、ざわざわした中から教師の声を聞き分けることが難しい子どももいる。

私たちはたくさんの音に囲まれて日常を過ごしている。しかし脳の中で必要な音以外は、意識の外に置くようにしている。感覚過敏の子どもの中にはそれが難しい子どももいるのである。

このような音に対する感覚過敏をもつ子どもが、学習発表会の練習などいろいろなところで大きな音が聞こえる環境にいた場合はどうなるのだろうか。かなりつらい状況になることは想像できるだろう。

三　どのような音に配慮する必要があるかをリサーチ

まずは、どのような音に配慮する必要があるのかをリサーチする必要がある。

何かの音を聞いた時に、耳を押さえるような仕草をしたりパニックになったりした時は、その音が嫌いな可能性がある。

四　全てに参加させなくてもよい

音楽の授業の場合は、一斉授業の中で対応するのは難しい場合もあるだろう。そのような場合に、どうにかしてその場にいさせようとするのではなく、「ここの部分は無理して参加しなくてもよい」というように考えることも必要になる。

教師はどうしても全てに参加するのが当然だと思うところがある。聴覚過敏で参加できない子どもの場合は、授業の放棄ではない。全てに参加しなくてもよいとするのが、必要な配慮である。

また、聴覚過敏の子どもの場合は、

イヤーマフの使用

も有効な手立ての一つである。実際にイヤーマフを使用しなくても、持っておくだけで安心できる子どもも存在する。

自閉スペクトラム症の子どもの中には、聴覚は苦手だが視覚的な情報処理は得意だという子どもも多く、指示や音の長さなどを視覚的に伝えることで取り組みやすくなる。

スモールステップと視覚的な支援を組み合わせて指導していくことが有効である。

あとがき

二〇代半ばの頃、市内の小学校の教師がほぼ全員が集まる研修会に参加した。教科別に分かれて、それぞれの部会で優れた実践が発表された。私は、算数部会に参加することにした。部会といっても市全体での研修会なので、大きな会場には、数百人の教師がいた。

発表は、算数を専門に研究しているベテランの教師が行った。

内容は、「平均」の学習。子ども達の意欲を高めるというテーマだったと思う。まず、全員をグランドに集めて、五〇メートル走の記録を計らせていた。その上で、クラスの平均を導き出すという内容だった。子どもの必要感が重要ということで、どうやったらクラスの平均が求められるかということも子ども達に話し合わせたのだという。当然、全体の指導時間は、教科書の配当時間を大幅に超えていた。

私には、これの何がよいのかさっぱり分からなかったが、会場の教師の反応は概ね好評だった。

最後に、発表者が次のようにまとめた。

> 子ども達は、他の単元に比べて非常に意欲的に学習に取り組みました。また、学習の定着度も普段に比べて高かったと聞いています。

私の頭の中には、いくつもの疑問がふくらんだ。そこで、質疑応答の時間に尋ねることにした。

先生は、他の単元に比べて、子ども達は意欲的に学習に取り組んだと言われました。しかし、意欲的に取り組んだのは、算数の内容にでしょうか。体育の内容にでしょうか?

また、学習の定着度も普段よりも高かったと話されました。

具体的には、市販テストでどのくらいの平均点だったのでしょうか。また、普段の平均点はどのくらいなのでしょうか。そのような具体的な数値で示していただきたいです。

さらに、教科書で示されている配当単元を大幅に超えています。定着度が高かったのは、学習内容が良かったからなのか、学習時間が増えたからなのでしょうか。


今思えば、二〇代半ばの教師が、このような発言をするというのは今さらながら冷汗が出そうになる。しかも、算数の専門家が数百人集まった会場で、算数の素人の私が発言したのだから。

ただ、発言の内容は、今でも真っ当なものだと思う。昨今、教育界でも重要視されるようになってきたエビデンスを重視する考え方と近い。

しかし、当時は、そのような考えはほとんど受け入れられなかった。

発表者の答えをさえぎるように、フロアの大御所と思われる教師から私に次のような発言があった。


先生はまだ若いので経験も少ないのでしょうが、私たちはどのような子どもを育てたいのかということを忘れてはいけません。よく、卒業式の呼びかけにある「苦しかった計算練習」といったようなことを算数で経験させたいのか。それとも算数の楽しさに触れる子ども達を育てたいのか。そのことを忘れてはいけません。

会場からは大きな拍手が起こった。私はすぐに立ってこう答えた。

> 先生は今、苦しかった計算練習と言われました。私には、その意味がよく分かりません。私は現在、計算スキルという教材を使っていますが、授業の終わりに「計算スキルをやりますよ」というと、「やった!」と歓声が上がります。少なくとも私のクラスの子ども達は計算が楽しいと言っています。ですから、先生のやり方の問題ではないのでしょうか。

そう言うと、その教師は何やら怒鳴り声のような声音で文句を言っていたのを覚えている。内容に怒っていたのではない。若い私が正面切って論争したことに対して、生意気だと怒ったのである。

子どもの事実があり、理論的に優れていても、声の大きい人の意見が通る。いつまでたっても何も変わらない。これではだめだと、この時、強く思った。

それを変えるためには、何か確固たる証拠となるものが必要だ。そのように考え始めるようになった。なぜ、この指導法がいいのか。なぜ、この方法ではだめなのか。今までやってきたからという理由は通らない。よくないものは変えなくちゃだめだ。

そのような証拠となる本がずっと欲しいと思っていた。そして、今回、そのような本を自分達で作る機会を得ることができた。

証拠と言えるほどの内容にはほど遠いが、できるだけ根拠となる内容を調べて執筆したつもりである。ご批正いただきたい。

本書のプロットを立てるのは、それほど難しい作業ではなかった。

日頃困っていること、おかしいと思っていることを書けばいいからである。それは、すらすらと出てきた。本書に収めきれない内容も多くあった。

しかし、執筆には非常に苦労した。なにしろ、自分で出したQに自分で答えるのだから。そのために、数百冊の本にあたり、日本の数多くの先行研究や、英語論文にも数多くあたった。

一人ではとても手に余るので、私が代表を務めるＴＯＳＳサークルＷＩＳＨのメンバーで、分担して調べ執筆していった。

書いては修正を繰り返し、最終段階ではほぼ三分の一を書き換えた。

本書を出したいという想いとはうらはらに、なかなか執筆が進まない日々が続いた。

そんな中、学芸みらい社の小島直人氏からは何度も温かい激励をいただいた。そのたびに、メンバーが勇気づけられた。本書が無事完成したのは、小島氏のおかげである。

また、師匠の向山洋一氏からは、「子どもの事実」を判断の基準にせよということを繰り返し教わってきた。「あたりまえを疑ってみる」「教師のＮＧ指導」という着想は、師匠からの教えがあったから生まれたものである。

お二人にこの場を借りて心より感謝申し上げたい。

まだまだ本書には書き切れない内容が多く残った。ぜひ、第二弾を執筆してみたいという想いが強い。第二弾の実現のためにも、本書を応援いただければ幸いである。

小野隆行

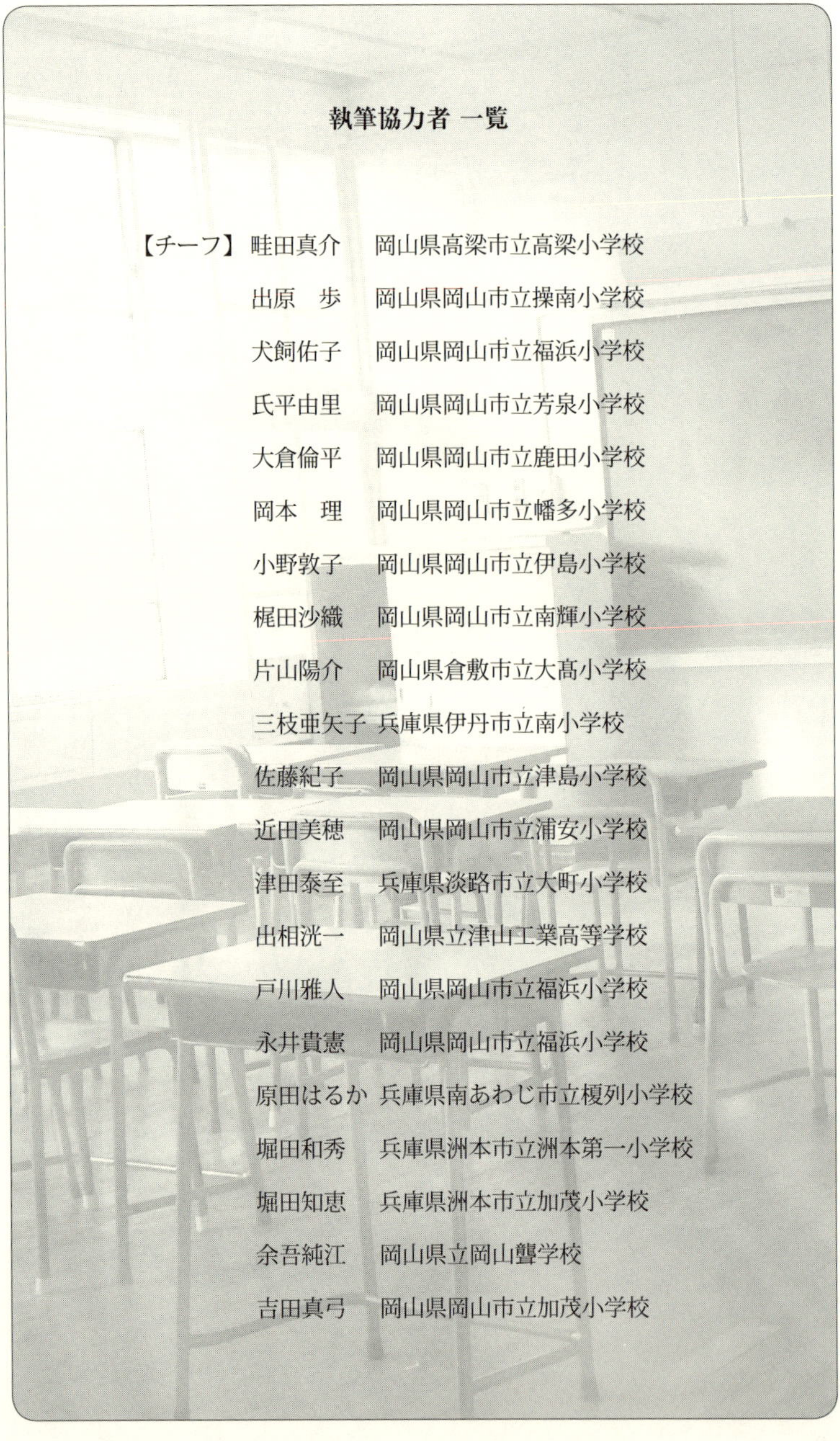

執筆協力者 一覧

【チーフ】畦田真介　岡山県高梁市立高梁小学校
出原　歩　岡山県岡山市立操南小学校
犬飼佑子　岡山県岡山市立福浜小学校
氏平由里　岡山県岡山市立芳泉小学校
大倉倫平　岡山県岡山市立鹿田小学校
岡本　理　岡山県岡山市立幡多小学校
小野敦子　岡山県岡山市立伊島小学校
梶田沙織　岡山県岡山市立南輝小学校
片山陽介　岡山県倉敷市立大高小学校
三枝亜矢子 兵庫県伊丹市立南小学校
佐藤紀子　岡山県岡山市立津島小学校
近田美穂　岡山県岡山市立浦安小学校
津田泰至　兵庫県淡路市立大町小学校
出相洸一　岡山県立津山工業高等学校
戸川雅人　岡山県岡山市立福浜小学校
永井貴憲　岡山県岡山市立福浜小学校
原田はるか 兵庫県南あわじ市立榎列小学校
堀田和秀　兵庫県洲本市立洲本第一小学校
堀田知恵　兵庫県洲本市立加茂小学校
余吾純江　岡山県立岡山聾学校
吉田真弓　岡山県岡山市立加茂小学校

シリーズ 特別支援教育《とくべつしえんきよういく》「鉄壁《てつぺき》の法則《ほうそく》」

ストップ！NG指導《しどう》
すべての子《こ》どもを救《すく》う
［教科別《きょうかべつ》］基礎的授業《きそてきじゅぎょう》スキル

2019年9月1日　初版発行

著　者　小野隆行

発行者　小島直人

発行所　株式会社 学芸みらい社

〒162-0833 東京都新宿区箪笥町31 箪笥町SKビル3F

電話番号：03-5227-1266

FAX番号：03-5227-1267

HP：http://www.gakugeimirai.jp/

E-mail：info@gakugeimirai.jp

印刷所・製本所　藤原印刷株式会社

ブックデザイン　吉久隆志・古川美佐（エディプレッション）

ISBN978-4-909783-17-2 C3037

☀学芸みらい社の好評既刊　日本全国の書店や、アマゾン他のネット書店で注文・購入できます!

【新シリーズ!】特別支援教育「鉄壁の法則」　第1弾!

特別支援学級「感動の教室」づくり

――定石&改革ポイント――

著　**小野隆行**（岡山市立西小学校勤務／日本の特別支援教育を牽引する若手リーダー）

学校中が「あの子はどうしようもない」という子ども達がいる。
その不安と怒りを真正面から受けとめ、笑顔と感動あふれる教室へ。

- ●子どもがどんな気持ちでやっているのか？　どんな状態なのか？
- ●何が一番、その子の成長につながるのか？
- ●上手くいかなかった時に、大人である教師に何ができるのか？
- ●学校に必要な仕組み、保護者や外部との連携をどう作るか？

特別支援学級を変え、日本の特別支援教育に一石を投じる渾身の提言!

参観者が語るレポート「小野学級は子ども達が生き生きしていた」を収録

A5判ソフトカバー　216頁
定価：本体2000円（税別）
ISBN 978-4-908637-98-8　C3037

目次